# 모세오경 신학

유진 H.메릴 지음
류 근 상 옮김

크리스챤출판사

# A Theology of the Pentateuch

*By* Eugene H. Merrill
*translated by* Keun Sang Ryu

Copyright © 1991 by The Moody Bible Institute of Chicago
Originally published in USA under the title
*A Theology of the Pentateuch*
by Moody Press, c/o MLM, Chicago, Illinois 60610, in U.S.A.
All rights reserved.


2011년 8월 15일 1판 1쇄 발행

지은이: 유진 H. 메릴

옮긴이: 류근상

발행인: 류근상

발행처: 크리스챤출판사

주 소: 경기도 고양시 덕양구 능곡로 30-11 현대 107-1701호

전 화: 070) 7717-7717, 031) 978-9789

핸드폰: 011) 9782-9789, 011) 9960-9789

팩 스: 031) 978-9779

등 록: 2000년 3월 15일

등록번호: 제 79 호

판 권: ⓒ 크리스챤출판사 2011

정 가: 표지 뒷면


I S B N: 978-89-89249-85-6

Korean Edition
Copyright © 2011 by *Christian Publishing House*,
Seoul, Korea

# 차례

저자서문 _ 4

Ⅰ. 서론 _ 8

Ⅱ. 창세기의 신학 _ 22

Ⅲ. 출애굽기의 신학 _ 46

Ⅳ. 레위기의 신학 _ 86

Ⅴ. 민수기의 신학 _ 94

Ⅵ. 신명기의 신학 _ 100

Ⅶ. 결론 _ 139

## 저자서문

구약성경에는 문학적 장르의 다양성(이야기체, 법규, 시, 예언), 광범위한 역사(창조로부터 이스라엘이 포로지에서 회복하기까지), 그리스도의 초림과 재림에 대한 자세한 예언 및 다양하게 제시되는 주제에 이르기까지 여러 가지 풍성함이 있다. 구약성경을 읽는 사람들은 하나님, 인간, 죄, 하나님의 언약, 인간의 구원, 장차 있을 하나님의 아들의 메시아적 통치 등 광범위한 주제에 놀라지 않을 수 없다. 어떻게 하면 성경의 다양한 내용들을 이러한 주제와 연결시킬 것인가 하는 것이 성경신학의 초점이다. 성경은 신학적으로 우리에게 무엇을 가르치고 있는가?

본서는 모세오경의 모든 내용에 대해 독자들에게 신학적 내용 및 강조점을 제시할 것이다. 독자들은 교리적 내용에 대한 성경의 일관성에 놀라게 될 것이다.

다양한 문학적 장르와 시대를 관조하는 역사적 내용, 그리고 수많은 주제들은 구약성경 전체를 통하여 하나의 큰 줄기를 형성한다. 하나님은 사람을 창조하여 복을 주시고 모든 피조물을 다스리게 하였으나, 사람은 범죄로 타락하여 이러한 축복을 상실하고 말았다. 하나님은 아브라함을 선택하여 한 나라의 조상이 되게 하고, 그를 통해 하나님의 나라를 전하게 하실 것이다. 아브라함의 후손으로서, 하나님의 아들은 인류와 만물을 다스리실 것이다. 하나님을 반역한 인간은 긍휼을 만나기도 하고(하나님은 죄인에게 긍휼을 베푸신다), 심판을 만나기도 한다(하나님은 죄를 심판하신다). 사람들은 하나님으로부터 오는 죄사함의 은총을 받아들이고 의로운 삶을 살며, 자신을 구원하신 구속자와 전능하신 하나님을 찬양하며, 장차 이 땅에 이루어질 하나님의 통치를 간절히 소망한다.

구약성경 특히 모세오경의 신학적 내용에 대한 남다른 통찰력을 지닌 저자는 이 위대한 주제에 대해 명확하고 설득력 있게 제시하고 있다. 바라기는 독자들이 본서를 통해 모세오경에 관한 보다 깊은 깨달음을 얻고, 이 위대한 신학적 진리가 자신과 하나님과의 관계에 어떠한 영향을 주는지를 알기 바란다.

# I
# 서론
## -Introduction-

# 1. 서론

성경신학, 또는 그것의 요소들은 시대, 장소, 상황, 저자 등 원래적 배경과 최종적 정경형성 과정 및 기능에 대해 관심을 기울여야 한다.[1] 특히 유대교 및 기독교 전통에 있어서 다른 신구약성경의 기초가 되는 오경신학의 경우 더욱 그러하다. 오경의 배경적 요소들은 매우 중요하다.

오경이 일반적 정경 배열의 첫 부분에 위치한다는 사실은 이들 다섯 권의 책이 모든 신학적 연구의 원천이라는 전제를 확인해 준다.[2] 창세기, 출애굽기, 레위기, 민수기, 신명기라는 오경의 순서는 원래의 전통적 모세 저작은 물론 최종적 정경 형성과도 부합된다.

오경신학은 그것을 형성하고 있는 역사적 상황, 이보다 중요한 것으로서 신적 및 인적 기원을 유발시킨 신학적 관심사, 그리고 정확한 형식 및 기능에 대해 알아야 한다. 이러한 신학적 전제들에 대한 인식이 없이는 모세의 신학적 메시지를 이해하거나 정확히 표현 한다는 것은 불가능하다.

---

1) 성경 사본의 생성, 전수 및 창조적 종합과 각 단계의 신학적 관련성에 대해서는 Gerhard Hasel, *Old Testament Theology: Basic Issues in the Current Debate*, 3d ed. (Grand Rapids: Eerdmans, 1982), pp. 169-83을 참조하라.
2) Roger Beckwith, *The Old Testament Canon of the New Testament Church* (Grand Rapids: Eerdmans, 1985), pp. 128, 359.

1) 역사적 배경

성경은 오경의 모세저작을 확인한다(예를 들어, 출 17:14; 24:4; 민 33:1-2; 신 31:9; 수 1:8; 왕하 21:8). 그는 위대한 출애굽의 영도자로서 동족인 이스라엘 백성들에게 하나님의 자기계시 및 그가 구원한 백성들에 대한 목적에 관한 하나님의 계시를 전한다. 이 일은 출애굽 시점으로부터 40년이 지난 후, 그들의 조상들에게 약속하신 이스라엘의 가나안 정복 및 국가 체제 확립을 눈앞에 두고 모압 평지에서 일어난다.[3] 그들의 기원과 역사 및 목적에 대한 완전한 구전(그리고 아마도 기록)이 전승되었을 것이라는 데에는 의심의 여지가 없지만, 모세가 이러한 전승을 모아 오늘날 토라(Torah)로 알려진 문헌으로 만들기까지는 포괄적이고 권위 있는 종합이 나타나지 않았다. 고대 족장들에 대한 약속에 비추어볼 때 출애굽과 시내산 언약의 의미는 분명하다. 그 외에도 창조와 전 세계를 배경으로 한 이스라엘의 역할에는 의미가 담겨 있다. 요약하면, 오경의 배경은 지리적, 역사적 측면과 함께 신학적 측면을 가지고 있다는 것이다. 이스라엘을 위한 하나님의 뜻은 창조와 구속을 통해 나타난 그의 목적으로 제시되었다.

2) 문학으로서의 오경

오경(Pentateuch)이라는 명칭은 책의 분량을 반영한다. 그것은 다섯 권의 두루마리로 이루어져 있으며 유대전승에는 "토라"(Torah)라고 하는, 보다 정확한 정보(informative)를 주는 명칭이 사용되었는데, 이것은 "교훈"이라는 의미를 가지고 있다. 이러한 명칭은 이스라엘에게 창조와 역사 및 세상을 향한 그들의 구체적 역할에 대해 가르치는 것이 모세가 오경을 기록한 목적임을 보여준다.[4] 이들은 어디서 왔는가? 하나님은 왜 그들을 부르셨는가? 언약의 의미는 무엇인가? 민법적, 도덕적, 제의적 규례를 통해 하나님께

---

3) 이러한 배경에 관한 자세한 내용에 대해서는 Eugene H. Merrill, *Kingdom of Priests: A History of Old Testament Israel* (Grand Rapids: Baker, 1987), pp. 21-25를 참조하라.
4) Michael Fishbane, "Torah and Tradition," in *Tradition and Theology in the Old Testament*, ed. Douglas A. Knight (Philadelphia: Fortress, 1977), pp. 275-76.

서 구속하신 백성들에게 요구하시는 것은 무엇인가? 열방과 관련하여 그들에게 제시된 미래적 목적은 무엇인가?

토라(tôrāh)를 "율법"으로 번역한 것은 모세의 글이 원래 법적 본문이었다는 인상을 준다. 본문에는 법적 요소가 많이 나타나는 것이 사실이지만 결코 지배적인 내용으로 볼 수는 없다. 창세기는 대부분 이야기(narrative)와 족보이다. 출애굽기 1-19장은 주로 이야기체로 되어 있으며, 나머지 부분은 "법적" 조항과 그것을 설명하는 내용으로 되어 있다. 레위기는 기본적으로 제의적 교훈이며, 예배에 필요한 규례에 대해 설명한다는 차원에서 법적 내용으로 볼 수 있다. 민수기는 혼합된 장르이지만 대부분은 이야기체로 되어 있으며 법에 관한 내용은 많지 않다. 신명기는 모세의 죽음과 가나안 정복을 눈앞에 두고 모세가 이스라엘 백성들에게 행한 고별사가 주된 내용이다. 형식 비평적 입장에서 볼 때 신명기는 문헌에 나타난 다양한 요소들에 대한 권면을 포함한 장문의 언약이라고 할 수 있다.5) 그렇다면 신명기에 언급된 "율법"이라는 말은 봉신의 입장에 있는 이스라엘이 군주인 여호와에 대해 지켜야 할 행위에 관해 규정하고 있는 조약의 조항들을 열거한 것이라고 할 수 있다.

이와 같이 오경은 다양한 글들을 모은 책이다. 그러나 이것은 토라 또는 교훈서라고 하는 전통적 이해를 크게 벗어나지 않는다. 이야기, 시, 계보, 서술, 규범 및 권면을 통해 다음과 같은 하나의 목적을 가진 신학적 메시지가 전달되었다. 즉 이스라엘은 그 의미와 목적에 대해 교훈을 받아야 한다는 것이다. 문학적 형식은 특별한 경우에 있어서 도움이 될 수도 있겠지만, 신학적 기록이라는 오경의 근본적인 성격과 관련해서는 큰 도움이 되지 못한다.

### 3) 오경신학의 전제들

성경신학에 대해 아무런 전제 없이 전적으로 객관적이며 미리 결정되지

---

5) J. A. Thompson, *Deuteronomy: An Introduction and Commentary* (Downers Grove, Ill.: InterVarsity, 1974), pp. 17-21.

않은 접근 방식을 원하겠지만, 모든 신학자들이 이구동성으로 고백하는 대로 이것은 불가능하다.[6] 이러한 전제들이 없다면 결코 연구를 하거나 결론을 내릴 수 없다. 그러나 우리의 목적은 귀납적 접근을 통해 오경 자체의 신학적 범주와 결과를 얻는 것이다. 이것이 필수적인 방법론적 원리라고 하더라도 자신이 연구하려는 원 자료 및 대상 본문에 대한 몇 가지 전제를 반드시 필요로 한다. 다음 전제들은 오경신학에 대한 우리의 접근 방식을 뒷받침한다.

(1) 하나님에 대한 전제

하나님은 존재하시며, 한 분이시며, 일관성이 있으며, 질서가 있으시다. 하나님의 존재를 인정하지 않는 이상, "이스라엘의 종교 역사"나 "기술적 신학"(descriptive theology) 밖에는 될 수 없다. 하나님의 목적은 결코 모순 되지 않으며 인간이 이해할 수 있는 수준으로 제시된다는 것을 인정해야 한다.

하나님은 성경을 통해 자신을 계시하신다. 이 계시는 통일성과 일관성이 있으며 체계적이다. 신학은 하나님께서 계시해 주신 자료를 사용할 때에만 권위와 진정성을 주장할 수 있다. 더구나 하나님의 자기계시는 인간적 용어로 주어졌다. 즉, 인간의 사상과 언어적 기관으로 이해할 수 있는 방식으로 제시되었다.

하나님은 자신이 하는 모든 일에 목적을 가지고 계시며, 이러한 목적은 그것이 신적 기원임을 인정하기만 한다면 결코 모순 되지 않고 일관성이 있으며 조직적이고 지각할 수 있다. 이것은 하나님의 모든 목적이 인간에게 알려졌다는 말은 아니며, 알려지더라도 그들이 자신에게 부과된 목적을 반드시 이루는 것은 아니다.[7]

---

6) John Goldingay, "The Study of Old Testament Theology: Its Aims and Purpose," *Tyndale Bulletin* 26 (1975): 37-39.
7) Brueggemann이 주장한 "일관성과 합리성"(coherence and rationality)의 신학에는 바로 이러한 의미가 포함되어 있다(Walter Brueggemann, "A Shape for Old Testament Theology, I: Structure Legitimation," *Catholic Biblical Quarterly* 47 [1985]: 41).

### (2) 계시에 대한 전제

계시의 목적은 하나님과 그의 목적을 드러내는 것이다. 전달의 의지 내지는 필요성은 하나님의 목적에 관계되는 한 의사소통의 수단에 대한 전제를 분명히 한다. 하나님께서 피조물에 대한 요구 사항을 그들이 알아들을 수 있는 용어로 계시하지 않으려 하신다는 것은 생각할 수도 없다.

계시는 하나님의 목적을 명시적/명제적으로 표현해야 한다. 예를 들어 명사로만 표현된 경우(즉, 하나님), 일반적 계시만으로 그에 대한 정보를 얻을 수 있을 것이다. "하늘이 하나님의 영광을 선포하고 궁창이 그 손으로 하신 일을 나타내는도다"(시 19:1; 롬 1:18-23). 그러나 계시가 동사로 표현된 경우(즉, 하나님의 목적), 반드시 동사적 진술로 규명이 되어야 한다. 왜냐하면 개별적 행동이나 사건, 또는 역사 속에 연속되는 사건의 패턴이라 하더라도 최악의 경우 무의미하거나 기껏해야 모호한 의미를 제시할 뿐이기 때문이다. 적어도 "사건"이 계시가 되기 위해서는 "말씀"이 수반되어야 하며, 또한 그것에 의해 해석되어야 한다.[8]

목적에 대한 계시는 본문으로부터 귀납적 방식(원리나 주제를 추출함으로)이나 연역적 방식(목적에 대한 진술을 통해), 또는 두 방식을 모두 사용하여 끌어낼 수 있다. 사실 두 가지 방식은 서로 정보를 교환하고 상호 긴장관계를 지속해야 한다. 따라서 전체 성경적 뒷받침을 받을 수 없는 목적에 대한 진술은 결코 신학적 출발점으로서의 가치를 가지지 못한다.

### (3) 목적에 대한 전제

창조는 처음부터 하나님의 목적에 있어서 중요한 요소였음을 인정해야 한다. 그는 영원히 독립적으로 존재할 수도 있었지만, 창조를 통해 자신의 목적을 드러내셨다. 목적이 창조와 결부된다면(그 반대의 경우도 마찬가지

---

[8] John Goldingay, *Approaches to Old Testament Interpretation* (Downers Grove, Ill.: InterVarsity, 1981). pp. 74-77; James Barr, "Revelation through History in the Old Testament and in Modern Theology," *Interpretation* 17 (1963): 197.

이지만) 창조의 목적에 대한 진술은 창조 사건 자체와 연대기적, 정경적 근접(근사치)을 나타내어야 한다. 이것은 자연적으로 오경, 특히 창세기의 앞부분으로 연결된다.

목적에 대한 진술은 전체 계시를 통해 평가되고, 다양한 성경적 계시와 조화를 이루며, 하나님(주어)과 그의 목적(술어)에 관한 진술을 할 수 있도록 구체적이고 제한적이어야 한다.

목적에 대한 진술은 성경 전체의 정경적 구조와도 부합되어야 한다. 영감이나 계시에 대한 관점과 상관없이 현재와 같은 형태의 정경은 분명히 성령의 인도하심에 따라 성경을 받아 형성한 공동체의 신학적 입장을 반영한다.[9]

(4) 신학적 방법에 대한 전제

우리는 광의의 신학적 방법과 관심사를 반영하고 있는 현재의 정경 배열(즉, 토라, 선지서, 성문서 및 신약성경)에서, 연대기적 순서를 밝혀내어 계시의 점진성을 드러내고, 보다 협의의 신학적 관심사에 초점을 맞추어야 한다. 오경의 경우 이 작업이 용이한데 그 이유는 보편적 전승이 오경의 우월성을 입증하며, 창세기가 정경의 맨 앞에 위치하기 때문이다.

일단 목적에 대한 진술(현재로서는 핵심부분이라고 볼 수 있다)이 결정되면 그런 관점에서 성경을 읽어야 한다. 이 방식은 (1) 해석학적 원리의 정립, (2) 문학적/수사학적 비평, (3) 형식 비평, (4) 역사/문화적 배경, (5) 상세한 주석 등에 기초해야 한다.

목적에 대한 진술은 이상의 목적에 관한 항목에서 언급한 범주를 충족하는지 재평가해야 한다.

---

9) Brevard S. Childs, *Old Testament Theology in a Canonical Context* (Philadelphia: Fortress, 1985), pp. 15-16.

그리스도인들에게 필요한 적절한 방법은 신약성경과 구약성경이 연속된 하나의 책으로서, 두 책이 상호 의존적이라고 보는 것이다. 이것은 신약성경을 구약적으로 읽어야 한다는 말이 아니라, 두 책은 같은 하나님으로부터 나온 동일한 계시의 두 부분으로서, 구약성경의 어떤 내용도 결코 신약성경의 계시와 모순 되지 않는다는 사실을 인식해야 한다는 말이다.[10]

### 4) 중심 내용에 대한 탐구

우리는 지금까지 성경의 계시가 자신의 뜻을 피조물에게 드러내고 싶어 하시는 일관성 있는 하나님의 목적을 반영하는, 통일성 있고 목적적이며 일관성 있는 현상임을 살펴보았다. 이러한 하나님의 의도는 하나의 진술로 요약되어, 아마도 역사적, 정경적 과정의 앞부분에 제시되었을 것이라는 주장이 제기되었다. 그러나 불행하게도 성경 전체에서 이러한 진술이나 유사한 함축을 추적하는 것은 불가능하다. 본 장은 오경신학만 다루기 때문이다. 그러나 앞에서 제시한 전제들이 옳다면 이러한 진술은 오경에 처음 나타나야 할 것이다.

비록 신적 목적에 대한 전반적이고도 포괄적인 진술(이하 중심 내용이라 칭한다)이 있다고 하더라도, 하나의 거대한 목적을 달성하기 위해 필수적인 작은 규모의 간접적인 진술이 있을 것이다.[11] 오경의 경우가 여기에 해당한다. 분명히 모세는 이스라엘 백성들의 기원과 목적 및 섭리에 대한 교훈으로서 토라를 기록하였다. 출애굽과 시내산에서 확인된 언약적 관계는 창조의 목적이나 인류를 위한 계획이 무엇이든, 이스라엘의 선택과 그들에게 부여된 특별한 책임이 이러한 목적에 기여하고 있음을 보여준다.

---

10) T. C. Vriezen, *An Outline of Old Testament Theology* (Oxford: Basil Blackwell, 1958), pp. 79-93; A. A. Anderson, "Old Testament Theology and Its Methods," in *Promise and Fulfillment*, ed. F. F. Bruce (Edinburgh: T. & T. Clark, 1963), pp. 12-13.
11) 중심 내용에 대한 다양한 접근에 대해서는 Hasel, *Old Testament Theology*, pp. 117-43를 참조하라.

### (1) 출애굽기 19장과 신학적 중심

역사적으로나 실제적으로 출애굽의 기적을 통해 주어지게 된 시내산 언약은 구약성경의 중심적 관심사이다. 이 언약에 관한 본문은 출애굽기 20:1에 소개되며 23:33까지 계속된다. 그러나 그 목적은 19:4-6에 제시된다. 이것은 성경신학에서 이스라엘의 역할과 시내산 언약에 대해 이해할 수 있는 중요한 본문이다. 본문은 이스라엘에 대한 하나님의 선택과 구속에 관한 중심 목적에 대한 진술로 여겨질 만큼 중요하다.[12]

애굽에 대한 징벌과(출 19:4a), 출애굽을 통한 그의 전능하신 구원(4b절), 그리고 자기 백성들을 언약적 교제로 인도하심(4c절)에 대해 언급한 후, 여호와는 그들에게 자신의 언약적 요구에 순종함으로 그의 특별한 소유(5절)와 제사장 나라(6절)가 되라고 말씀하셨다. 이러한 구원과 관련하여 언약적 관계에 대한 선행조건은 없다. 그것은 무조건적이며, 하나님은 자신의 주권적 의지에 따라 그들을 구원하시고 자기에게로 인도하셨다. 조건적인 것은 그들이 과연 그들에게 부여된 하나님의 목적을 달성하고 제사장의 나라, 거룩한 백성이 되느냐의 여부이다.

많은 신학자들은 이 일련의 사건을 구약성경신학의 핵심 내용으로 본다.[13] 구약성경 계시의 대부분은 이스라엘과 이스라엘에 대한 여호와의 관계에 초점을 맞추기 때문에, 이것이 하나님의 계시의 핵심적 관심사라고 주장된다. 출애굽기 19:4-6이 이스라엘을 위한 신적 계획에 관한 기본적 진술이라면 본문에는 하나님의 목적이 이스라엘에만 국한된다는 언급이 있는가? 또는 이스라엘이 수행할 역할과 관련하여 보다 포괄적인 하나님의 목적에 대해 제시해 주는 언급이 있는가?

---

12) W. J. Dumbrell, *Covenant and Creation* (Nashville: Thomas Nelson, 1984), pp. 80-81, 90.
13) Jakob Jocz, *The Covenant* (Grand Rapids: Eerdmans, 1968), pp. 31-32.

그 대답은 제사장직의 본질에서 발견된다. 이 직무에 대해서는 여러 가지 언급을 할 수 있지만, 제사장직에 대한 근본적인 개념은 중재 또는 중보이다. 제사장은 하나님과 그를 필요로 하는 사람 사이에 선다. 따라서 이스라엘은 이와 같은 중보적 책임을 지고, 거룩하신 하나님과 이 땅의 모든 거민 사이에 중재자로 서 있음이 확실하다. 그러나 이것은 이스라엘과, 그들의 여호와에 대한 언약적 관계가 성경신학의 초점이 아님을 보여준다. 이스라엘의 역할은 궁극적인 목적이 아니라 이 목적의 수단일 뿐이다. 궁극적 목적은 하나님과 이 땅의 백성들이 교통하는 것이다. 그렇다면 이스라엘의 중요성은 기능적인 것이다. 제사장이 자신을 위해 일하지 않고 예배드리는 자와 예배의 대상을 중재하듯, 이스라엘은 하나님과 인간의 교통을 위해 제사장 나라가 되어야 한다. 나중에 강조되겠지만 봉신조약에 해당하는 시내산 언약의 형식도 이러한 역할을 위한 이스라엘의 존재 의미에 초점을 맞춘다.

출애굽기 19장이 궁극적인 신학적 목적이 아니라 이스라엘의 역할에 대한 개요에 해당한다면, 이스라엘에 대한 선택과 언약적 책임에 대한 이유를 만족하게 설명해 줄 수 있는 진술이 처음으로 제시된 본문은 어디에 있는가? 우리는 앞서 언급한 연대기적, 정경적 요소들에 대한 논쟁을 통해 이러한 중심적 진술이 창세기의 앞부분부터 제시됨을 볼 수 있다.

(2) 신학적 중심으로서 창세기 1:26-28
인간에 대한 하나님의 목적은 그의 활동 무대를 제공하는 천지창조와 연결된다.14) 일반적으로 성경은 역사적, 신학적 문헌으로서 최초의 사건인 창조와 함께 시작한다고 알고 있다. 그러나 만일 창조와 그 목적을 능가하는 신학적 관심사가 있다면 영감된 기록이 이러한 내용으로 시작할 것이라는 기대를 가질 수 있을 것이다. 왜냐하면 정경 형성은 연대기적 초점에 배타적인 민감성을 나타내지는 않기 때문이다. 그러므로 창조에 대한 우선권은 역사적으로나 정경적으로 신학적 중심성에 초점을 맞추어야 한다.

---

14) Eugene H. Merrill, "Covenant and the Kingdom: Genesis 1-3 as Foundation for Biblical Theology," *Criswell Theological Review* 1 (1978): 295-308.

창조에 관한 보완적 설명은 두 가지로 제시된다. 창세기 1장은 규모면에서 우주적이고 보편적이다. 창세기 2장은 인간중심적이다. 이러한 정경적 구조만이 창조의 절정을 인간에게 맞출 수 있다. 그는 창조적 과정의 영광을 누린다. 이것은 분명히 창세기 1장에서도 제시된다. 사람은 6일 창조 가운데 맨 마지막에 창조되기 때문이다.

그러나 신적 창조 활동에 대한 단순한 묘사로는 내재된 신학적 메시지를 전달하기에 충분하지 않다. 행위에 대한 이해를 돕기 위한 동기(motive) 진술이 있어야 한다. 창조와 관련된 근본적인 의문은 "그래서 어쨌다는 말인가?"이다. 이 질문에 대한 답은 즉시 제시된다. 빛을 창조하신 다음 하나님은 좋았더라(창 1:4)고 말씀하신다. 마찬가지로 그는 땅(10절), 씨 맺는 채소(12절), 빛과 어두움(18절), 바다와 공중의 생물(21절) 및 땅의 기는 것(25절)을 창조하신 후 기뻐하셨다. 이 모든 내용은 31절에 요약된다: "하나님이 그 지으신 모든 것을 보시니 보시기에 심히 좋았더라."

이 모든 것이 "좋았더라"는 판단은 물론 목적에 대한 진술이다. 그것은 창조가 적어도 심미적(aesthetic) 목적을 가지고 있음을 보여준다.[15] 그러나 심미적 이유를 영원한 신적 목적의 토대로 제시하기에는 불충분하다. 보다 확실하고 구체적인 언급을 찾기 위해서는 인간 창조에 부합되는 특정한 목적을 발견하여야 한다. 인간은 하나님의 형상대로 지음을 받았을 뿐 아니라 다른 모든 창조물이 그를 위하여 제공되었기 때문이다.

이것은 우리로 하여금 창세기 1:26-28로 눈을 돌리게 한다. 본문은 인간 창조의 기능적 측면에 대해 최초로 언급한 기초적 본문이다. 인간중심적 내용에 관해서는 창세기 2장에 제시된다.

---

15) Von Rad는 "좋았더라"가 "목적에 대한 묘사보다는 덜 심미적인 언급"이라고 주장한다(Gerhard von Rad, *Genesis: A Commentary* [London: SCM, 1961], p. 50).

목적에 대한 진술의 첫 부분은 인간이 하나님의 형상을 따라 하나님의 모양대로 창조되었다는 내용이다(1:26a). 이러한 목적은 남자와 여자를 구분하여 다시 한번 진술된다(27절). 최근 학계에서는 본문의 "$b^e\d{s}alm\bar{e}n\bar{u}$" ("우리의 형상 안에서"[한글 성경은 "우리의 형상을 따라"])와 "$kidm\bar{u}t\bar{e}n\bar{u}$" (우리의 모양대로)를 각각 "우리의 형상대로", "우리의 모양을 따라"로 해석해야 한다고 주장한다.[16] 즉, 사람은 하나님의 형상 안에서 창조된 것이 아니라 하나님의 형상이라는 것이다. 본문은 사람이 무엇과 같은가에 대해 말하는 것이 아니라 무엇이 되어야 하며 무엇을 해야 하는가에 대한 언급이다. 이것은 기능적 진술로서 본질적인 것이 아니다.[17] 고대 근동의 신과 왕을 대표하는 형상이나 동상이 사실상 상호대치가 가능했던 것처럼[18] 하나님의 형상으로서 사람도 하나님 자신을 대표하여 모든 피조물을 다스리도록 창조되었다.

이 대담한 은유는 창세기 1:26b에 분명히 제시된다. 본문은 하나님의 형상이 된다는 것이 어떠한 의미를 가지는지에 대해 설명한다. "그로 바다의 고기와 공중의 새와 육축과 온 땅과 땅에 기는 모든 것을 다스리게 하자." 이어지는 28절에는 이 일을 성취하라는 명령이 제시된다: "생육하고 번성하여 땅에 충만하라, 땅을 정복하라, 바다의 고기와 공중의 새와 땅에 움직이는 모든 생물을 다스리라 하시니라."

본문의 핵심 단어는 "다스리다"(1:26, 28)와 "정복하다"(28절)라는 동사이다. 첫 번째 히브리어 동사 $r\bar{a}d\bar{a}h$는 권유형("다스리게 하자")과 명령형 ("다스리라")으로 나타난다.[19] 두 번째 동사 역시 복수 명령형으로 제시되

---

16) Ibid., p. 56.
17) 존재론적 차원에서 볼 때 그리스도만이 하나님의 형상이시다. 이런 면에서 사람은 대표적이며 기능적이다. Peter T. O'Brien, *Colossians, Philemon*, Word Biblical Commentary, vol. 44 (Waco, Tex.: Word, 1982), pp. 43-44를 참조하라.
18) 자세한 내용은 Claus Westermann, *Genesis 1-11: A Commentary* (Minneapolis: Augsburg, 1984), pp. 151-54를 참조하라.

며, kābaš("정복하라")라는 히브리어 동사를 사용한다.[20] 두 동사 모두 지배라는 개념을 가지며, 어원적으로는 "짓밟다"(tread down)라는 동사적 의미로까지 거슬러 올라갈 수 있다. 따라서 인간은 모든 피조물에 대한 주권과 지배(필요시 힘으로)를 통해 다스리도록 창조되었다.

구약성경에는 인간의 지배 내용에 대해 암시적으로 보여주는 두 개의 중요한 본문이 있다. 하나는 창세기 2:15(cf. 5절) 및 19-20절이고, 또 하나는 시편 8편이다.

앞에서 언급한 대로 인간 창조가 창조 과정의 절정으로 제시되고 있는 창세기 2장은 이것을 사람의 존재 이유로 제시한다. 본문은 인간이 알아들을 수 있는 신인동형동성론적(anthropomorphic) 언어를 사용하여 설명한다. 본문에서 하나님은 흙으로 사람을 만들어 생기를 불어 넣으시고 생령이 되게 하셨다고 말한다(7절). 그는 사람을 동산에 두시고 "그것을 다스리며 지키게"(15절) 하셨다. 이것은 5절에 언급된 내용에 비추어서 해석해야 한다. 본문은 인간을 창조하기 전에, 아직 비가 내리지 않았고, 특히 "경작할" 사람도 없었기 때문에 초목이나 채소가 나지 않았다고 말한다. 그렇다면 인간 창조의 중요한 목적 가운데 하나는 "땅을 경작"하는 것임이 분명하다.[21] 경작 자체는 저주가 아니다. 사실 그것은 하나님의 형상이 된다는 의미의 본질을 설명해 준다. 땅을 경작하는 것은 지배의 의미에 대한 한 가지 정의이다.

두 번째 정의는 창세기 2:19-20에서 발견된다. 본문은 사람에게 동물의 이름을 지어줄 책임이 주어졌다고 말한다. 잘 알려진 대로 고대 근동에서는 이름을 짓는 것이 지배를 의미한다.[22] 여호와께서 아담이 "어떻게 이름을 짓나 보시려고" 동물들을 그에게 데려 왔을 때, 그는 사실상 아담에게 그를

---

19) Francis Brown, S. R. Driver, and Charles A. Briggs, *A Hebrew and English Lexicon of the Old Testament* (Oxford: Clarendon, 1962), p. 921.
20) Ibid., p. 461.
21) Manfred Hutter, "Adam als Gärtner und König," *Biblische Zeitschrift* 30 (1986): 258-62.

창조하신 목적인 지배권을 넘겨주었던 것이다. 이것은 물론 중심 본문인 창세기 1:26에 언급된 인간의 지배 대상과도 완전히 부합된다: 물고기, 새, 육축, "온 땅과 땅에 기는 모든 것."

구약성경에서 사람의 역할을 규명한 두 번째 중요한 본문은 시편 8편이다. 이 시의 본문 전체는 모두 상세히 다루어야 할 중요한 내용이지만 여기서는 두 가지만 살펴본다. 첫째로, 5절에 나타나는 "하나님의 형상"(imago dei)에 대한 분명한 언급이다. "저를 천사보다 조금 못하게 하시고 영화와 존귀로 관을 씌우셨나이다." NIV가 각주에서 제시하듯이 "천사"(heavenly beings)는 "하나님"(히브리어로 ʾĕlōhîm)으로 번역할 수 있다. 사실 이 시가 창세기 1:26-28에 대한 주석적 성격을 가진다는 점을 감안한다면, 하나님으로 번역하는 것이 보다 적절하다는 사실을 알 수 있다. 하나님의 형상을 가진 자이자 부왕(viceroy)으로서의 자격을 가진 사람은 영화와 존귀의 관을 쓴 자이다.

이 왕권의 의미는 시편 8:6에 분명히 제시된다. 본문에서 사람은 만물을 "그 발아래" 두고 피조물을 다스리는 자(māšal)로 지명된다. 이러한 이미지는 창세기 1:28의 "다스리라"(rādāh), "정복하라"(kābaš), 즉 지배하라는 근본적 의미를 상기시킨다. 지배의 대상은 창세기에 제시된 내용과 정확히 일치한다(비록 순서는 다르지만): 즉, 우양과 들짐승, 공중의 새와 바다의 어족과 해로에 다니는 것들(시 8:7-8)이다.

---

22) Von Rad, *Genesis*, p. 81. 그러나 자세한 의미에 대해서는 George W. Ramsey, "Is Name-Giving an Act of Domination in Genesis 2:23 and Elsewhere?" *Catholic Biblical Quarterly* 50 (1988): 24-35를 참조하라.

# II
# 창세기의 신학
## -A Theology of Genesis-
### by Eugene H. Merrill

## 2. 창세기의 신학

### 1) 언약적 명령과 종말론

**하**나님의 목적이 창조 및 지배와 연결된다면, 이 두 주제가 성경 계시 전체에 퍼져 있을 것이라고 기대할 수 있을 것이다. 사실 그렇다. 그러나 죄의 파괴적 성격은 이러한 목적에 대한 조정을 가져왔으며, 인간의 명령 수행 능력은 심각한 손상을 입게 되었고 수정이 불가피하게 되었다. 그러나 인류 역사의 과정 속에 잠복해 있는 것들도 종말에는 다시 드러나게 될 것이다. 그 때가 되면 인간은 언약을 완전히 수행할 수 있는 능력을 다시 회복할 것이다. 이것은 선지서의 본문 몇 군데에서 분명히 제시된다.

원래의 언약적 진술에 나타난 최초의 조건들에 대해 이사야보다 분명하게 제시하는 본문은 없다. 이사야 11:6-9은 메시아로 말미암은 변화의 본문으로, 다음과 같이 예언한다.

그 때에 이리가 어린 양과 함께 거하며
표범이 어린 염소와 함께 누우며
송아지와 어린 사자와 살찐 짐승이 함께 있어
어린 아이에게 끌리며
암소와 곰이 함께 먹으며

그것들의 새끼가 함께 엎드리며
사자가 소처럼 풀을 먹을 것이며
젖먹는 아이가 독사의 구멍에서 장난하며
젖뗀 어린 아이가 독사의 굴에 손을 넣을 것이라
나의 거룩한 산 모든 곳에서
해됨도 없고 상함도 없을 것이니
이는 물이 바다를 덮음 같이
여호와를 아는 지식이 세상에 충만할 것임이니라

동물이 유순해짐, 특히 비육식성이 된다는 것은 분명히 인류 타락 이전의 낙원과 같은 상태에 대한 언급이다(cf. 창 9:2-3). 더구나 이사야 11:6에서 동물들이 어린 아이에게 끌린다는 언급에 사용된 동사(nāhag)는 리더십이나 으뜸 됨에 대한 언급이다.23) 이것은 지배라는 말과 가장 가까운 동의어이다.

또 하나 놀라운 본문은 호세아 2:18이다. 본문에서 선지자는 여호와께서 "저희[이스라엘]를 위하여 들짐승과 공중의 새와 땅의 곤충으로 더불어 언약을" 세울 것이라고 말한다. 이것은 확실히 창세기 1:26-28의 언약적 명령에 관한 암시가 분명하다. 이러한 성취에는 특별히 이스라엘이 포함될 것임이 분명하다.24)

## 2) 언약적 명령과 예수님의 생애

사도 바울은 예수님을 두 번째 아담으로 묘사하였다. 이것은 그의 구원 및 구속 사역과 새로운 공동체의 "첫 번째 사람"으로서의 역할과 관련된 통칭어이다. "아담 안에서 모든 사람이 죽은 것같이 그리스도 안에서 모든 사람이 삶을 얻으리라"(고전 15:22; cf. 15:45; 롬 5:12-17). 두 번째 아담으

---

23) Brown, Driver, and Briggs, p. 694.
24) Hans Walter Wolff, *Hosea* (Philadelphia: Fortress, 1974), p. 51.

로서 예수님의 구속적 측면은 아무리 강조해도 부족하지만 예수님의 생애를 두 번째 아담의 삶으로 보고, 그가 죽으러 오셨을 뿐만 아니라 삶을 위해 오셨다는 사실 역시 중요하다. 예수님은 자신의 삶을 통해 능력과 온전함으로 하나님이 아담과 모든 사람에게 요구하신 삶을 드러내셨다. 다시 말하면 예수님은 자신의 삶을 통해 타락하기 이전의 아담에게 있는 잠재력을 드러내시고, 죽음을 통해 모든 인류에게 이러한 잠재력을 회복시키셨다.

복음서의 몇 가지 예들은 이러한 사실을 보여주기에 충분하다. 예수님과 그의 제자들이 배를 타고 갈릴리를 건너는 중 광풍이 일어나 배를 위협하였다. 제자들이 깨워 일어나신 예수님은 바람과 바다를 꾸짖으셨으며, 이에 놀란 제자들은 "이 어떠한 사람이기에 바람과 바다도 순종하는고"(마 8:23-27)라고 하였다. 예수님이 이 기적을 행하신 것은 그의 신성 때문이라고 쉽게 판단할 수도 있으나, 이 사건을 목도한 사람들의 결론은 다른 것 같다. 이 기사에서(막 4:36-41; 눅 8:22-25도 참조) 특별히 중요한 관심사는 제자들이 피조물에 대한 예수님의 주권에 대해 어떻게 생각하였느냐 라는 것이다. 예수님은 그들의 주로서 명령하셨으며 그들은 순종하였다. 이것은 아담에게 부여하신 지배권과 유사하지 않는가?

아담 언약에 의해 그가 행사하였던 피조물에 대한 지배권에 대해 보다 잘 보여주는 본문이 있다. 마태복음 14:22-23(cf. 막 6:45-51; 요 6:16-21)은 다시 한번 풍랑의 위기에 처한 제자들이 예수께서 바다 위로 걸어오시는 것을 보고 놀라는 내용을 기록하고 있다. 예수께서 걸어오시는 모습을 보고 담대함을 얻은 베드로는 예수님에게 자기도 바다 위를 걷게 해 달라고 부탁한다. 처음에 바다 위를 성공적으로 걷던 베드로는 점차 자신감을 잃고 바다로 빠져 들기 시작하였으나 예수께서 구해 주신다.

우리는 이 사건을 통해 신학적 주제에 대한 증거 및 이 사건의 원리를 제공하는 전례들에 관한 몇 가지 특징을 찾아볼 수 있다. 첫째로, 혼돈한 바

닻물은 지배를 받아야만 한다는 것으로, 이 개념은 마태복음 8장에서도 찾아볼 수 있다. 그러나 본문에서는 예수님이 바다에 대해 명령하지 않으신다. 대신에 그는 그것을 발로 밟으신다. 이것은 창세기 1:28의 "다스리라"(*rādāh*), "정복하라"(*kābaš*)는 근본적 개념과 유사하다. 둘째로, 베드로 자신은 분명히 예수님의 피조물에 대한 지배(주권)를 통해 자신의 지배력에 대한 보장을 발견하였다. 그가 하나님이신 예수님을 흉내 내려 한 것은 참람한 생각임이 분명하다. 그러나 두 번째 아담이신 그를 따르는 것은 하나님께서 그와 모든 사람에게 의도하신 것이었다.

피조물에 대한 예수님의 주 되심에 관한 세 번째 예는 고기의 입에서 성전세로 낼 돈을 꺼낸다는 본문이다(마 17:27). 베드로가 돈이 없는 제자들이 무엇으로 세금을 내야 할지 묻자 예수님은 고기를 잡으면 입 안에 필요한 돈이 있을 것이라고 말씀하셨다. 이것은 기적이라고 말하겠지만, 본문 역시 죄 없는 인간이 원래적 창조 언약의 특권에 따라 "바다의 고기"를 다스리고 지배하는 것이 당연한 결과라는 사실로 설명할 수 있다.

네 번째 예는 예수께서 수난 주간 첫 날에 나귀를 타고 예루살렘으로 승리의 입성을 하신 사건이다(마 21:1-11; 막 11:1-10; 눅 19:29-38). 여기서 주의하여 보아야 할 것은 그가 동물을 이용하였다는 것이다. 마가와 누가는 그것이 "아직 아무 사람도 타보지 않은"(막 11:2) 나귀 새끼임을 제시한다. 이 언급은 흔히 간과되고 있으나 승리의 주에 대한 본문에서 무리들의 환호에 포함된다. 이것은 특히 그의 승리가 동물 세계에 대한 지배권(본문의 경우 길들여지지 않은 나귀새끼)에 초점을 맞추고 있다는 점에서 중요하다. 예수님은 왕으로서 예루살렘으로 들어가셨으며, 이것은 그가 주 하나님으로서의 역할 뿐 아니라 두 번째 아담이자 다윗의 자손으로서의 역할을 성취하심을 보여준다.

### 3) 죄와 언약적 목적의 중단

죄의 기원은 성경 계시에서 아직도 밝혀지지 않은 미스터리이다. 분명한 것은 죄는 하나의 실체이며, 인간 창조와 하나님과 사람 사이의 언약 및 그들과 다른 피조물 사이에 어려움을 가져왔다는 것이다. 나머지 성경 이야기는 이러한 멀어진 관계의 회복과 만물을 지배하라는 하나님의 원래의 목적을 다시 세우는 내용이다.

하나님과 사람의 관계는 군주와 봉신의 성격을 가진다. 하나님은 사람을 창조하시고 형상에 대한 지위와 기능을 주셨다. 즉 사람은 하나님을 대표하여 모든 피조물을 다스리기로 되어 있다는 것이다. 이러한 특권은 동시에 책임을 동반한다. 가장 중요한 책임은 충성과 순종이다. 죄 없는 세상에서 순종을 시험하거나 입증하는 것은 불가능하다. 죄 없는 세상은 아무런 선택적 대안이 없기 때문이다. 이것은 아마도 사단의 존재를 설명해 줄 것이다. 그는 대적자이며 고소자로서, 사람에게 주권자적 지위와 행동 방식을 선택하도록 했다.[25] 대안적 주로서의 역할은 이미 동산 안에 있는 인간에게 주어진 제한적 명령에 의해 전제되었다. "선악을 알게 하는 나무의 실과는 먹지 말라 네가 먹는 날에는 정녕 죽으리라 하시니라"(창 2:17).

이러한 금지는 언약적 목적에 대한 진술의 이면적(reverse side) 내용이다. 긍정적인 면에 있어서 사람은 "생육하고 번성하여 땅에 충만하라, 땅을 정복하라"(창 1:28)는 명령을 받지만, 부정적으로는 이 피조물의 한 부분, 즉 선과 악을 알게 하는 나무로부터 금지를 당한다. 이 나무의 열매가 어떠한 의미를 가지고 있든, 그것은 언약을 지킴에 있어서 "할 수 있는 일"과 "해서는 안 될 일"이 있다는 원리를 상징한다. 만물을 지배하는 것은 마음대로 해도 좋다는 백지 수표가 아니다. 인간의 지배는 그의 형상의 본체이신 왕의 허락과 금지라는 틀 속에서 행사되어야 한다.

---

25) Gustave F. Oehier, *Theology of the Old Testament* (1883; reprint, Grand Rapids: Zondervan, n.d.), pp. 158-59, 448-51.

그러므로 나무는 인간의 언약적 신실성을 검증하는 시험대이다. 나무의 실과를 먹는다는 것은 잘못된 지배권, 즉 신비적 의미에서 사람이 하나님과 같이 된다는 오만을 드러내는 것이다. 하나님은 "이 사람이 선악을 아는 일에 우리 중 하나 같이 되었으니"(창 3:22)라고 말씀하신다. 이와 같이 역할을 바꾸고 제한성으로부터 독립하려는 시도를 통해 인간은 훼손된 형상을 가지게 되었으며 그의 주권을 완전한 방식으로 대표할 수 없는 자들이 되고 말았다. 죄는 하나님과 인간의 관계를 멀어지게 했을 뿐만 아니라, 그러한 상태에 남아 있는 한 결코 언약적 명령을 수행할 수 없는 자로서 죽을 수밖에 없는 존재로 전락하고 말았다.

이와 같은 관계 소원(alienation)은 수평적으로도 확산되었다. 즉 남자와 여자는 서로 소원한 관계가 되어 멀어지게 되었다. 언약적 진술은 "하나님이 자기 형상 곧 하나님의 형상대로 사람을 창조하시되 남자와 여자를 창조하시고"(창 1:27)라고 말한다. 사람은 남자와 여자로 나뉘며 둘 다 하나님의 형상으로 창조되었다. 그러므로 남자와 여자는 이 땅에서 하나님을 대표(represent)하며 그의 대행자로서 지배권을 행사해야 한다.[26]

이러한 언약적 목적에 대한 진술은 창세기 2장의 언약적 기능에 관한 설명에 의해 뒷받침된다. 본문은 남녀 관계에 대해 보다 자세히 설명한다. 하나님은 "사람의 독처하는 것이 좋지 못하다"는 것을 아시고 "그를 위하여 돕는 배필을" 지으셨다(18절). 이어서 남자의 갈빗대로 여자를 "만드시고" 여자('iššāh)라고 칭하셨다. 그가 남자('iš)로부터 나왔기 때문이다(23절).

본문에서 성에 대한 우월/열등에 대한 개념은 발견할 수 없다. 여자가 남자에게서 나왔다는 것은, 남자가 흙으로부터 나왔다고 해서('ādām from 'ădāmāh) 흙보다 열등하지 않듯이, 여자가 남자보다 열등하다는 의미가 아니다. "돕는 자"라는 말도 종속적 의미를 가지지 않는다. 이것은 분명히

---

26) Walther Eichrodt, *Theology of the Old Testament* (Philadelphia: Westminster, 1967), 2:126-27.

동물에게 짝이 필요한 것과 마찬가지로 남자에게도 그를 보완하고 상대할 수 있는 배우자가 필요하다는 맥락에서 나온 말이다. 남성으로서 남자는 하나님께서 자신의 형상이 되기를 원하신 사람의 반쪽에 해당할 뿐이다. 더구나 히브리 용어로 "돕는 자"('ezer)는 종종 사람을 돕는 자로서 하나님 자신에게 사용되었다(신 33:7; 시 33:20; 115:9-11; 146:5; 호 13:9). 그렇다면 돕는 자란 지배나 복종의 관계가 아니라 다른 누군가의 삶과 경험에서 필요를 채워줄 수 있는 사람을 의미한다.[27]

그러나 죄는 남녀의 관계를 하나님과 피조물의 관계와 같이 급속도로 바꾸었다. 여자는 사단의 유혹에 넘어가 남편을 부추겨 언약적 명령을 어기게 하였다. 그 결과 사단과 여자와 남자는 신적 정죄 아래 놓이게 되었고 더 이상 주권자에게 순종하지 않고, 세상적인 것을 충당해 합해(섞어)놓은 계약에 복종하게 되었다. "생육하고 번성하여 땅에 충만하라, 땅을 정복하라"는 옛 요구는 아직도 유효하나, 구속받지 못한 인간에 의해 부분적으로 수행될 수밖에 없게 되었으며, 하나님께서 구원의 은총을 회복시켜줄 사람들에 의해서도 불완전하게 수행될 수밖에 없었다. 죄와 역사는 언약의 성취를 위한 완전한 조건이 이를 때까지 각자의 진행을 계속하게 되었다.

남녀 관계와 하나님과 인간의 관계는 기능적인 면에 있어서 죄로 인한 관계 소원의 결과로 보는 것이 중요하다. 이러한 사실과 관련된 언약적 진술에 앞서 영광스러운 구속에 관한 약속이 먼저 제시된다. 즉 사단의 후손이 여자의 후손의 발꿈치를 상하게 할지라도 여자의 후손은 그의 머리를 상하게 할 것이라는 내용이다(창 3:15). 이 약속의 메시아적 특성은 보편적으로 인식되어 있다. 물론 여자의 후손에 대한 구체성이 본문에만 제시되는 것은 아니다.

언약적 성취에 관한 본문에서 남여 관계의 문제에 관한 보다 직접적인 언급은 창세기 3:16에서 발견된다. 본문에서 여자는 자식을 잉태하는 고통

---

27) Westermann, *Genesis*, p. 227.

을 벌로 받게 되며, "너는 남편을 사모하고 남편은 너를 다스릴 것이니라"
는 말을 듣는다. 이 언급의 배경은 타락한 세상의 인간 사회이다. 어떠한 벌
을 받았든, 남자와 여자의 원래적 지위와는 상관없으며, 하나님과 공동 지
배자로서의 원래적 창조 목적과도 무관하다. 그러나 동시에 이것은 역사의
한계를 넘을 수 없다. 궁극적인 종말은 원래 의도대로 그들과 만물의 회복
이기 때문이다.

문제가 되는 구절은 남자가 아내와의 공동 지배에서 그녀에 대한 주권을
가진다는 것이다. 이 문제에 관한 사도들의 가르침을 통해 볼 때 이것은 단
순한 미래적 예언이 아니라 그 후 남녀의 기능적 관계에 대한 하나의 규범
임을 알 수 있다. 한 두 본문을 인용해 보면, 바울은 여자들이 교회에서 말
하는 것을 금하였다. 왜냐하면 그들은 "율법에 이른 것 같이 오직 복종"(고
전 14:34)해야 하기 때문이다. 그는 같은 교회에서 "각 남자의 머리는 그리
스도요 여자의 머리는 남자요 그리스도의 머리는 하나님"(고전 11:3; cf.
엡 5:23-24; 딛 2:5; 벧전 3:1 등)이라고 지적하였다. 물론, 혹자는 본문이
하나님(성부)께서 본질적으로 그리스도보다 우월하심을 인정한 것이 아니
라 기능적으로만 그렇게 표현한 것이라고 주장할 것이다. 마찬가지로 사도
바울의 주장은 나라의 계급적 지배구조에서 남자의 역할은 기능적 의미에
서 여자보다 우월하다고 말할 수 있다.[28]

여전히 더 큰 문제로 남는 것은 "너는 남편을 사모하고"(창 3:16)라는
구절이다. 히브리어의 절 구조를 살펴보면, 첫 행이 두 번째 행과 같은 의미
를 가지는 시적 평행구로 되어 있다. 따라서 두 번째 행("남편은 너를 다스
릴 것이니라")은 첫 번째 행의 여자가 남편을 "사모한다"는 개념을 지배와
연관시킨다. "사모하다"(desire)로 번역된 단어(tĕšūqāh)는 창세기 4:7에도
나온다. 본문은 "죄의 소원(desire)은 네게 있으나 너는 죄를 다스릴지니라"

---

[28] 예를 들어 F. L. Godet, *Commentary on First Corinthians* (1899; reprint, Grand Rapids: Kregel, 1977), p. 539를 참조하라.

고 말한다. 흥미로운 것은 본문에 "master"(다스리다)로 번역된 동일한 동사(*māšal*)가 창세기 3:16에서는 "rule"(다스리다)로 번역되었다는 점이다. 이것은 여자가 남자의 지배를 받을 것이며, 남자는 여자를 다스릴 것임을 보여준다.29) 그 결과 남자의 주권은 타락한 세상 역사가 지속되는 한 하나의 전형이 될 것이다.

죄로 인한 하나님과의 소원은 하나님과 인간, 남자와 여자 사이의 관계에 영향을 미쳤을 뿐 아니라 사람과 다른 피조물 사이의 조화로운 관계도 붕괴시켰다. 이 세 가지 관계는 각각 수직적(상향), 수평적 및 수직적(하향) 관계로 나타낼 수 있다. 남자는 하나님께 복종하고, 여자와 상호 협력하며, 모든 피조물을 다스리도록 창조되었다. 그는 땅을 "경작/다스려야"(창 2:15) 하며, 하나님의 대리자(vice-regent)로서 땅과 다른 모든 것을 사용하며 다스려야 한다.

그러나 이제 죄가 들어와, 타락한 인간은 주변의 모든 것들에 대한 무제한적 지배권을 상실하고 말았다. 그는 아내의 말을 따름으로 그녀의 권위에 복종하고 말았다. 따라서 이제 그가 경작해야 할 땅은 그의 관리를 쉽게 받아들이지 않을 것이다. 그의 수고는 고통이 될 것이다. 땅은 무가치한 가시덤불과 엉겅퀴를 낼 것이며, 사람은 그 속에서 취함을 입고 결국은 흙으로 돌아갈 것이기 때문에 땅은 그를 정복할 것이다(창 3:19).

직접적 영향은 남자와 여자가 동산에서 영원히 추방된 것이다. 이러한 추방은 창조시의 언약적 특권으로부터의 배제와 타락을 상징한다. 동산 밖에서의 삶이란 하나님과의 친밀한 관계, 서로 간의 관계, 그리고 피조물과의 관계로부터의 깨어짐을 의미한다. 이러한 추방은 하나님의 모든 창조 목적에 대한 박탈을 의미한다. 그러나 그렇기 때문에 죄의 저주와, 궁극적으로는 그것의 존재에 대한 해결책이 모색되어야 했던 것이다.

---

29) Walter C. Kaiser, Jr., *Toward Old Testament Ethics* (Grand Rapids: Zondervan, 1983), pp. 204-6.

### 4) 언약적 목적과 구원

이와 같은 관계 소원(alienation)이라는 저주는 화목의 행위를 요구하게 되었으며, 이러한 행위는 사건과 진행의 양면에서 성경적 구원에 해당하는 행위이다.30) 따라서 구원론이 성경의 중심 모티브는 아니나, 명백히 성경신학의 주요 주제이다. 이것은 구원이 한 곳에서 다른 곳으로 옮긴다는 뜻을 가지고 있으며, 목적론적 개념이 아닌 기능적 개념이라는 점에서 더욱 분명하다. 다시 말하면 구원은 좌절되고 중단된 목적으로 이끌지만 그것 자체가 목적은 아니다.

많은 학자들이 창조기사의 언급에도 불구하고 구원을 중심 주제로 보는 이유는 이러한 시도가 창조를 신들에 의한 원시적 혼돈의 바다에 대한 정복의 결과로 보는 이교도 신화의 지지를 끌어낼 수 있기 때문이다.31) 그러나 구약성경에는 이러한 암시가 전혀 없다. 예외가 있다면 이러한 이교도적 주제가 여호와의 대적들에 대한 승리를 시적으로 암시하는 데 사용된 경우이다. 이 경우 그는 종종 혼돈되고 파괴적인 홍수에 비교된다.

구원에 관한 첫 번째 언급은 그것에 대한 최초의 필요에 따라 언급될 것이다. 즉 하나님에 대한 인간의 반역으로 언약적 목적이 파괴된 데 대한 반응으로 나타날 것이다. 창세기 3:15은 여자의 후손을 통한 악에 대한 궁극적 정복에 대해 언급한다. 이와 관련하여 해석의 역사에서 주목하고 있는 또 한 가지 본문은 하나님께서 은혜로 제공하신 동물 가죽으로 옷을 만들어 입은 내용이다. 이와 같이 간결한 본문에 관해 확실한 뒷받침이 없는 신학적 결론을 내리는 일은 주의해야 하지만, 범죄한 인간의 첫 번째 인식으로서 벗은 것을 가리기 위해서는 사람이 만든 무화과나무(3:7)가 아니라 신적 개입(3:21)이 필요 했을 것이라는 데에는 의문의 여지가 없다.32)

---

30) Claus Westermann, *Elements of Old Testament Theology* (Atlanta: John Knox, 1982), p. 45.
31) 예를 들어, Gerhard von Rad, "The Theological Problem of the Old Testament Doctrine of Creation," in *The Problem of the Hexateuch and Other Essays* (London: SCM, 1984), 특히 pp. 142-43을 참조하라.

구원에 대한 필요성은 성경 역사의 영원한 주제이다. 이 역사는 지속적으로 증가하는 영적 도덕적 결핍의 역사이기 때문이다. 모든 신적 은혜의 행위에는 인간의 죄에 대한 반응이 있다. 모든 하나님의 언약적 목적에 관한 표현 다음에는 인간의 말과 반역의 행위가 이어진다. 하나님의 형상으로 지음을 받아 모든 삶의 영역에서 하나님의 주권을 나타내어야 할 인간은 오히려 그의 형상을 손상시키고 오점을 남김으로, 구속적 개입이나 은혜가 없었더라면 결코 창조 목적을 성취할 수 없는 존재로 전락하고 말았다.

이러한 예는 가인이 동생 아벨을 살해한 사건에서도 잘 나타난다(창 4:1-15). 그의 잔인한 행위는 가인의 후예인 라멕에 의해 이어진다. 그는 자신을 해하려는 자에게는 가인에 대한 것보다 몇 배나 큰 보복을 당할 것이라고 떠벌린다(23-24절). 이 이야기는 사람과 사람 사이의 수평적 거리가 지속적으로 멀어지고 있음을 보여줄 뿐만 아니라, 가인에 대한 하나님의 보호(15절)가 부적절하며, 따라서 인간의 개입으로 그것을 고치겠다는 라멕의 의도도 엿볼 수 있다.

하나님의 아들들이 사람의 딸들을 아내로 맞이한 것은 여호와로 하여금 사람의 죄악이 관영하며 "그 마음의 생각의 모든 계획이 항상 악할 뿐"(창 6:5)이라고 하실 만큼 제멋대로 하고 있음을 보여준다. 문맥적으로 이러한 통혼은 천사와 인간의 교접(역자 주: 셋의 혈통과 가인의 혈통과의 결혼)으로서, 하나님께서 분리해 놓은 창조질서를 어김으로 "네피림"이라는 거인을 양산하게 되었다. 이들은 "용사라 고대의 유명한 사람"(4절)이었다.[33] 하나님의 형상으로서 만물을 다스려야 할 사람은 다시 한번 스스로 그가 다스려야 할 사단의 권세에 복종하고 말았다.

---

32) Franz Delitzsch, *The Pentateuch*, Commentary on the Old Testament, vol. 1 (Grand Rapids: Eerdmans, n.d.), p. 106.
33) Willem A. Van Gemeren, "The Sons of God in Genesis 6:1-4," *Westminster Theological Journal* 43 (1981): 343.

### 5) "두 번째 아담"으로서 노아

노아 시대 사람의 죄는 심각한 것으로서 여호와께 고통이 되었다. 그는 먼저 사람을 지으신 것을 한탄하셨다. 여호와께서는 아담을 땅 밑에 묻은 것과 마찬가지로 사람을 바다 속에 묻어버리기로 계획하셨다. 창조주의 손에 순복함으로 뭍이 드러나게 하였던 혼돈의 물은 이제 창조주에 의해 진노의 도구로 쏟아지게 되었다. 그러나 그렇다 할지라도 원래의 창조목적은 훼손되거나 사라지지 않을 것이다. 하나님께서는 다른 아담을 통해 다시 시작하실 것이기 때문이다. 그는 정복에 대한 명령을 수행할 수 있는 또 하나의 형상이다. 이 아담은 물론 노아이다.

노아는 의롭고 흠이 없었으나 그럼에도 불구하고 그의 의로운 조건 때문이 아니라 하나님의 택하시는 은혜로 말미암아 선민으로 택함을 받았다(창 6:8). 이러한 선택은 분명히 구원적 어조를 지닌다. 그는 홍수로부터 구원을 얻었다. 그러나 보다 근본적으로는 아담을 창조할 당시 언약한 내용과 관련된 선택이었던 것이다. 노아는 언약적 사명을 새롭게 떠맡았다. 그는 하나님의 다스리는 목적을 성취하기 위한 새로운 대리자(vice-regent)였던 것이다.

이것이 창세기 6:18의 의미라는 것은 의심할 여지가 없다: "그러나 너와는 내가 내 언약을 세우리니." 본문의 "내 언약"은 이미 앞서 제시된 전례에 관한 언급일 수 있다. 이와 관련된 유일한 전례는 창세기 1:26-28에 포함된 언약이다.[34] 옛 아담 언약은 이제 노아와 세워졌으며(hēqîm), 여호와께서 아담에게 맡기시고 요구한 것은 모두 노아와 그의 후손들에게 넘어갔던 것이다.

결국 홍수 심판이 끝난 후 여호와께서는 언약의 의미와 구체적 내용에 대해 제시하신다. 본문은 여호와께서 다시는 사람으로 인하여 "땅을 저주"하지 아니할 것이며, 인류 역사가 지속되는 한 모든 생물을 멸하지 아니할

---

34) Dumbrell, p. 26.

것이라는 엄숙한 약속으로 시작한다(창 8:21-22). 그러나 성경은 계속해서 불로 인한 궁극적 멸망과 땅의 회복을 증거한다. 이 멸망은 역사의 종말이 될 것이며, 영원하고 저주 받지 아니한 하나님 나라의 시작이 될 것이다(벧후 3:3-7).

창세기 9:1-7에 나타난 언약에 관한 본문은 "생육하고 번성하여 땅에 충만하라"(1, 7절)는 익숙한 아담 언약으로 시작하고 끝난다. 아담에 대한 명령에서는 "땅을 정복하라", "바다의 고기와... 다스리라" 등의 언급이 이어지나, 노아에게서는 전혀 다른 내용이 이어진다. 왜냐하면 이제 땅은 저주를 받고 관계 소원으로 인해 타락 이전의 창조에 나타났던 조화로운 지배 구조는 깨어지고 말았기 때문이다. "정복하라"와 "다스리라"는 이제 다음과 같은 표현으로 변하였다: "땅의 모든 짐승과 공중의 모든 새와 땅에 기는 모든 것과 바다의 모든 고기가 너희를 두려워하며 너희를 무서워하리니 이들은 너희 손에 붙이웠음이라"(2절). 아담에 의한 지배(예수님의 예처럼)는 말씀으로만 가능하였으나 이제는 사람의 뛰어난 지적 이성적 능력으로 강화되었다. 동물 세계에서의 자발적 복종은 강압으로 대치되었으며, 사람과 동물은 불편한 공존 관계를 지속하게 되었다. 따라서 폭력은 둘의 관계를 나누었고, 타락의 결과 동물은 무력으로 사람의 지배를 당하게 되었을 뿐만 아니라 그들의 식물로 제공되기 위해 죽임을 당하게 되었던 것이다(3절).[35]

그러나 수평적 차원에서의 선은 분명히 그어져야 한다. 아담 시대와 같이 노아 시대에도 사람은 결코 다른 사람을 해할 수 없다. "이는 하나님이 자기 형상대로 사람을 지었음"(9:6)이기 때문이다. 타락에도 불구하고 이러한 근본적 사실은 결코 변하지 않았다. 비록 타락한 사람이라도 하나님의 형상을 가지고 있으므로 사람을 공격하고 죽이는 것은 주권자에 대한 도전이기 때문이다.

---

35) Geerhardus Vos, *Biblical Theology* (Grand Rapids: Eerdmans, 1954), p. 64.

노아 언약에 관한 본문에 이어 다시는 홍수로 땅을 멸하지 않을 것이라는 약속(창 9:9-11)과, 이 약속에 대한 보장으로 무지개에 대한 언급이 이어진다. 무지개는 사실상 언약 자체에 대한 상징이다. 이것은 홍수로부터의 구원에 대한 약속의 차원을 넘어서는 것으로서 처음부터 인간에게 주어진 지배에 관한 명령에는 손을 대지 않았음을 보여준다.[36] 무지개를 보는 자는 하나님의 창조 목적이 완전한 효력을 가지며, 언젠가는 이미 예정되어 있는 완전한 성취를 이루게 될 것이라는 확신으로 안심할 수 있다.

노아 시대 이후 언약 전수와 관련된 역사에 대해서는 창세기의 계보를 통해 추적할 수 있다. 사실, 계보의 목적은 점차 좁게 형성되는 언약의 초점이 결국 아브라함과 그의 후손들에게로 모아지는 과정을 보여주는 것이다.[37] 아담과 같이 노아에게도 세 아들이 있었으며 그 중에 한 명만 언약의 대행자가 되었다. 아담의 세 번째 아들 셋은 "두 번째 아담"인 노아의 선조이다. 노아의 세 번째 아들 셈은 언약의 약속에 대한 상속자로 선택 받은 자이다. 그의 계보(창 10:21-31; 11:10-26)에는 히브리인의 조상인 에벨과, 자신의 시대에 세상이 둘로 나뉘었던 벨렉(10:25)이 포함되어 있으며, 데라의 세 아들 가운데 막내인 아브람에서 절정에 이른다.

### 6) 바벨탑

바벨탑의 중요성은 언약적 명령 성취의 방해라는 사실에 있다. 본문은 천사와 사람이 결혼한 기사[역자 주: 경건한 셋의 혈통과 가인의 혈통이 결혼한 기사](창 6:1-4)와 공통점이 있다. 반역의 행위는 홍수의 재앙을 가져왔으며, 이어서 노아의 후손들은 "땅에서 흩어졌다"(창 8:16). 마찬가지로 성 쌓는 것을 중단시키신 여호와는 "그들을 온 지면에 흩으셨다"(11:9). 본문의 어휘들은 구조(formulaic)와 정확성을 갖추고 있기 때문에 결코 우연으로 돌릴 수 없다. 두 본문은 아담 언약의 불순종이라는 일반적 사상에 덧붙여 공통적 주제와 관심사를 다루고 있음이 틀림없다.[38]

---

36) Dumbrell, p. 29.
37) Gerhard F. Hasel, "The Meaning of the Chronogenealogies of Genesis 5 and 11," *Origins* 7 (1981): 69.

천사들과 사람에 관한 이야기는 근본적으로 "생육하고 번성하여"(창 1:28)라는 하나님의 목적을 방해하려는 사단의 시도이다. 이 기사는 정확히 "사람이 땅 위에 번성하기 시작할 때에"(6:1)라는 언급으로 시작하기 때문이다. "하나님의 아들들"과 "사람의 딸들"이라는 표현의 의미가 무엇이든, 그들의 불법적 관계는 결국 하나님의 명령에 타격을 주기 위함이었다. 아마도 그들은 유전학적으로 재생산이 어려운 거인들을 양산하게 되었을 것이며 따라서 인간성의 종말을 맞이하였을 것이다.

바벨탑 이야기는 성을 쌓는 자들이 하나의 목적을 가지고 있었음을 보여 주는 것이 틀림없다: "성과 대를 쌓아 대 꼭대기를 하늘에 닿게 하여 우리 이름을 내고 온 지면에 흩어짐을 면하자"(창 11:4). 즉, 그들은 "땅에 충만하라 땅을 정복하라"(1:28)는 명령의 두 번째 요소를 순종하기를 거절하였다. 이 두 가지 에피소드는 언약적 불순종에 대한 완전한 묘사를 제시한다.

"용사.. 고대에 유명한 사람"(창 6:4)에 대한 언급과 "세상에 처음 영걸"(10:8)인 니므롯에 대한 언급은 공통점이 있기 때문에 중요한 본문이다. 니므롯과 바벨탑 사이의 연관성은 창세기 11장이 연대기적으로 창세기 10장에 앞선다는 것과 니므롯의 나라 가운데 바벨론(즉 Babel)이 있었다는 사실에서 드러난다. 니므롯 자신은 성을 쌓던 사람 가운데 하나였다. 어쨌든 그에 대해 "영걸"이라고 표현한 것은 창세기 6:4에서 "용사"로 번역된 히브리어 *gibbôr*에 근거한다. 더구나 이 용사들은 "유명한 자", 또는 문자적으로 "이름이 있는 자"였다. 이런 점에서 바벨탑을 쌓던 사람들이 원하던 것 중의 하나가 "이름을 내는" 것이었음은 주목할 필요가 있는 대목이다.

그렇다면 확실히 언약을 위반한 이 두 이야기는 동일한 근원적 문제를 제시하고 있다. 인간은 하나님의 형상으로 지음을 받아 그를 대신하여 땅을

---

38) D. J. A. Clines는 *Catholic Biblical Quarterly* 38 (1976): 499-502에서 창세기 1-11장의 주제 (그는 본문의 주제를 "창조-와해-재창조"로 본다)를 분명히 보여준다.

다스려야 할 책임이 있음에도 불구하고 이와 같이 고귀하고 거룩한 부르심을 저버리고, 그의 주권을 탈취하여 자신의 것으로 삼기 위해 그의 주권에 반기를 들었던 것이다. 그는 하나님처럼 되기 원하였으며 성경적 표현을 빌면 "이 사람이... 우리 중 하나같이 되었으니"(창 3:22), "그 경영하는 일을 금지할 수 없으리로다"(11:6)라고 하였다.

이와 같은 불순종에 대한 하나님의 반응은 홍수나 흩어짐과 같은 심판의 형태를 취하신 것과 노아와 아브라함을 대신 내 세워 언약을 새롭게 갱신하신 것이었다.

### 7) 아브라함 언약

성경은 아브라함을 언약의 대상으로 부르신 것에 대해 아담을 창조하신 것이나 노아를 택하신 것과 같이 은혜로 선택하신 행위임을 보여준다. 아브라함에게 있어서 이 두 사람은 대표적인 언약적 선구자였다. 그는 고향 땅 우르를 떠나 하나님께서 지시하신 땅으로 가라는 명령에 순종한다. 이 부르심에 대한 순종은 곧 하나님의 동역자(partner)로서 세상을 축복하며, 그것을 창조자의 의도대로 돌이키기 위한 과정에 동참하는 것이었다.

아브라함이 언약적 특권에 참여할 수 있는 기회는 분명히 그가 우르를 떠나 가나안으로 가야한다는 조건에 달려 있는 것이었지만, 이어지는 언약 자체는 무조건적이었다. 대부분의 학자들이 인정하는 대로 이 언약은 주로 왕(영토)과 관련된 것으로서 고대 근동에서 흔히 볼 수 있었던 법적 형태라고 할 수 있다.[39] 이러한 형태의 언급은 여러 가지 이유로 신하에게 복을 베푸는 왕과 같은 은인에 의해 시작되었다. 이러한 은전은 신하가 수행한 업적에 의해 수여되는 경우도 있지만, 대부분 특별한 근거가 제시되지 않는다. 이러한 은전은 단지 은혜를 베푸는 자의 주권적 의지에 따라 수여되는 혜택이라고 밖에 설명할 수 없다. 또한 그것의 수여가 무조건적이었던 것처

---

39) Moshe Weinfeld, "The Covenant of Grant in the Old Testament and in the Ancient Near East," *Journal of the American Oriental Society* 90 (1970): 184-203.

럼 그것을 유지하는 것도 무조건적이다. 언약은 그것을 받는 자의 행동과 관계없이 유지될 수 있다. 언약을 받는 자의 반응이 긍정적이든 부정적이든, 결과적으로는 은혜의 혜택과 지속을 누리게 된다.

따라서 아브라함 언약은 아담과 노아의 전례와 같이 여호와로 말미암아 그의 종 아브라함에게 주어진 무조건적 언약으로 보아야 한다. 이것은 그로 하여금 구체적이고 돌이킬 수 없는 역할을 수행하기 위해 주신 것이다. 더욱이 앞서의 두 언약보다 훨씬 광범위하고 다양한 내용으로 주어진 아브라함 언약은, 그럼에도 불구하고 모든 본질적인 요소에 있어서 동일하다. 그러나 이전의 언약보다 한 단계 더 진전된 내용이 있다. 아브라함 언약은 "생육하고 번성하여 땅에 충만하라 땅을 정복하라"는 창세기의 명령을 반복할 뿐만 아니라 이러한 목적을 달성하기 위한 전략을 제시한다.

이것은 창세기 12:1-3에 직접적으로 나타난다. 본문은 언약에 대한 최초의 계획적인(programmatic) 언급이다. 아브람은 장차 큰 나라를 이루게 되며, 그것을 통해 여호와의 축복이 세상 모든 민족에게 전해질 것이라는 약속을 받는다. 하나님의 관심은 여전히 보편적이지만 이러한 관심은 매우 구체적인 수단을 통해 표출된다. 그것은 아브람의 나라라고 하는 것이다.

이어서 아브람은 세상을 다스리게 될 땅이 가나안임을 알게 된다(창 12:7; 13:14-17). 언약에 관한 두 번째 내용과 관련하여 아브람은 비록 자신에게 자식이 없을 지라도 후손에 관한 약속은 유효하며(15:2-5), 비록 지금은 다른 사람들이 차지하고 있으나 땅도 주실 것으로 믿었다(15:7-21). 이와 같이 아브람은 여호와를 믿었으며, 여호와께서는 그의 온전한 언약적 순종을 인정하셨다(15:6).

씨에 대한 약속이 성취되지 않은 채 수년이 흐른 후 여호와께서 아브람에게 다시 한번 나타나셔서 놀라운 말씀과 함께 원래의 약속을 확대해서 제시한다. 그는 한 민족의 조상이 아니라 많은 민족(따라서 아브라함으로 이름이 바뀌었다)과 왕들(창 17:4-6)의 조상이 된다는 것이었다. 다시 한번 영원한 것으로 확인을 받은 이 언약은 할례에 의해 상징적으로 확인될 것이다. 할례는 언약 백성들의 특별한 지위에 대한 육체적 표시였다.

아브라함 언약과 관련된 이와 같이 다양한 표현들에 나타난 주요 주제들을 자세히 살펴보면, 아브라함과 그의 후손들은 이 명령의 수행을 위한 모델이자 증인으로서의 사역을 수행해야 한다는 특별한 조건과 함께 여러 면에서 창세기 1:26-28의 명령을 확인하고 있음을 볼 수 있다. 즉 아브라함의 나라는 하나님 나라의 축소판이 될 것이며, 하나님과 모든 피조물을 화해시킬 대행자로서의 역할을 수행하게 될 것이다.

이 약속의 첫 번째 부분으로서 아브라함의 후손이 큰 나라를 이루실 것이라는 언급(창 12:2; 15:5; 17:4-5)은 "생육하고 번성하여"라는 창세기 1:28의 인류에 대한 명령을 반영한다. 지배권에 관한 내용은 아브라함의 허리/계보에서 왕들이 날 것이라는 언급을 통해 분명히 제시된다(17:6, 16). 이 왕들은 하나님께서 창조 목적을 위해 세우신 모델로서 그 나라를 다스릴 것이다. 따라서 본문은 다시 한번 1:28과 직접적으로 연결된다: "땅에 충만하라 땅을 정복하라."

약속의 두 번째 부분은 창세기 1장의 명령에서 전례를 찾아볼 수 없으나 그럼에도 불구하고 그것에 관한 언급으로 보아야 한다. 이것이 바로 이 땅의 민족들이 복을 받느냐 저주를 받느냐를 가늠 하는 시금석으로서 아브라함의 나라가 수행해야 할 역할이다: "너를 축복하는 자에게는 내가 복을 내리고 너를 저주하는 자에게는 내가 저주하리니 땅의 모든 족속이 너를 인하여 복을 얻을 것이니라"[40](창 12:3; 18:18; cf. 갈 3:8). 이것은 하늘과 땅의 주권자로서 하나님과 타락한 피조물 사이에서 중보자적 역할 및 구원 사역을 수행하여야 할 선민의 책임을 제시한다.

---

[40] "복을 받다"에 대한 수동적 해석의 근거에 관해서는 O. T. Allis, "The Blessing of Abraham," *Princeton Theological Review* 25 (1927): 263-98을 참조하라.

창조 명령이 성경신학의 중심으로서 성경계시 전체에서 일관된 효력을 가진다면, 아브라함 언약에 관한 이러한 이중적 측면은 조심스럽게 다루어져야만 한다. 이 언약을 아담-노아 시대에만 한정한다면, 하나님을 섬기는 백성으로서 이스라엘의 중요한 역할을 부인하는 것이다. 그러나 시내산 언약을 위한 준비로서만 해석하는 것도 선민에 관한 협의의 개념을 초월하는 초역사적, 보편적 관심사를 부인하는 것이다. 이러한 이중성은 본 논쟁에 활기를 더할 것이며, 이스라엘을 하나님의 신학적, 역사적 목적으로 이끌 것이다.

아브라함 언약에 대한 전수는 처음과 마찬가지로 하나님의 선택적 은혜에 의해 계속된다. 아브라함과 사라가 나이 들어 낳은 아들 이삭은 이스마엘을 제치고 택함을 받았다(창 17:18-19). 그에게는 그의 아버지가 누렸던 약속과 특권이 거의 축어적으로 주어진다(26:3-4, 24). 또한 그에게는 언약적 책임을 상속할 아들이 주어진다.

그는 이삭과 리브가 사이에서 난 야곱이다. 야곱 역시 이삭과 마찬가지로 정상적인 후계 구도를 깨고 택함을 받는다. 그는 나기도 전에 형을 지배할 것이라는 말씀을 받는다(창 25:23). 이 약속은 결국 이스라엘이 에돔을 지배함으로서 성취된다. 그러나 언약에 관한 핵심적 본문은 창세기 27:27-29이다. 본문에서 언약은 죽어가는 아버지의 축복을 통해 야곱에게 되풀이 된다. 이삭은 야곱이 열국과 그의 형제들을 다스릴 것이라고 축복한다. 그는 이어서 야곱을 저주하는 자는 저주를 받고 그를 축복하는 자는 복을 받게 해 달라고 축복한다(29절). 이어지는 사건에서 언약에 대한 약속은 이삭(28:3-4)과 여호와 자신(28:13-14; 35:9-15; 46:2-4)에 의해 확인된다. 결코 깨어질 수 없는 약속은 나라와 왕과 땅, 그리고 가장 중요한 것은 온 땅에 대한 축복의 도구로서의 야곱(이스라엘)의 사역이다.

아브라함 언약에 관한 완전한 표현은 출애굽 후 시내산 언약에서 비로소 제시되지만, 이 언약의 본질과 기능에 관한 내용들은 창세기의 족장 기사

전체에서 발견되며, 사실상 이들 기사의 핵심적 주제이다. 먼저 땅의 의미에 대해 살펴보자.

땅은 주권이나 국가의 의미에 관한 규명에 있어서 본질적 요소가 된다. 하늘과 땅의 창조는 사실상 인류에 대한 하나님의 통치 목적을 수행할 장소를 제공한 것이다. 그렇다면 에덴동산은 하나님께서 땅 가운데 독특한 방식으로 머무르시면서 그의 형상을 입은 대리자와의 교제를 갖기 위한 장소로서 영토 대한 축소판이다. 이것은 확실히 낙원에 관한 종말론적 묘사의 배경을 형성한다.

죄로 인해 야기된 붕괴와 관계 소원은 사람을 동산으로부터 추방하게 하였으나, 아담에 대한 명령이나 그것을 수행하기 위한 지리적 영역에 대한 필요성을 무효화하지는 않았다. 아담에게 있어서 언약적 행위의 중심은 동산이었으나 이제 그는 좁은 장소를 벗어나 그의 후손들과 함께 땅에 충만해야 한다. 그렇다면 동산은 비록 중심이 되는 장소이지만 인간의 존재에 필요한 배타적 영역은 아니라는 것이다. 이것은 그의 임재하심으로 거룩하게 될 특정 장소에 대한 신적 의도를 보여주지만, 하나님은 결코 이러한 장소에 얽매이지 않으신다.

이러한 생각을 가질 때, 아브라함 언약에서 땅에 대한 약속의 중요성을 쉽게 이해할 수 있다. 족장들은 "내가 네게 지시할 땅으로 가라"(창 12:1)는 명령을 받았다. 가나안에 도착한 그는 또 한번 "내가 이 땅을 네 자손에게 주리라"(12:7)는 말씀을 듣는다. "애굽강에서부터 큰 강 유브라데까지"(15:18)라는 언급은 이 땅의 역사적, 지리적 실체와 범위를 구체화 한 것이다.

따라서 가나안은 땅에 대한 하나님의 구속 및 통치 활동의 초점이 되었다. 이것은 왜 족장들과 이스라엘 후손들이 이 땅을 신성시하고 신학적 핵심으로 보는지를 설명해 준다.[41] 이러한 증거는 제단을 의미 있는 장소에 세운 사실에서 나타난다. 여호와는 특별히 임재를 통하여 땅을 맡기신다(창 12:7; 13:18; 26:25; 33:20; 35:1, 7). 족장들이(오늘날도 경건한 유대인들 가운데는 여전하다) 거룩한 땅에 묻히기를 바랐다는 사실 역시 여호와께서 거하시는 땅과의 연관성을 보여준다. 성경에서 역사적으로나 종말론적으로 땅이 없는 이스라엘은 상상할 수 없다.

후손이 많아질 것이라는 약속 역시 아브라함 언약의 한 부분으로, "생육하고 번성하라"는 원래적 명령에 대한 성취이다. 족장의 후손이 하늘의 뭇별(창 15:5), 땅의 티끌(13:16) 및 바다의 모래(22:17; 32:12)와 같이 많아져야 하듯이 모든 땅은 하나님의 목적에 따라 사람으로 가득하게 될 것이다.

땅과 인구에 대한 두 가지 문제(그리고 축복)에 대한 증거는 일찍이 아브라함과 롯이 땅에 대해 다툰 기사를 통해 찾아볼 수 있다. "그 땅이 그들의 동거함을 용납지 못하였으니 곧 그들의 소유가 많아서 동거할 수 없었음이라"(창 13:6). 그 결과 그들은 헤어졌으며 아브라함은 "그 땅을 종과 횡으로"(13:17) 받게 된다. 나중에 아브라함은 막벨라에서 자신이 묻힐 땅을 사게 된다(23:18-20). 이 곳에는 그의 아내(23:19)와 자신(25:9), 그리고 그의 아들 이삭(49:31)과 손자 야곱(49:29-30)이 묻히게 된다. 그러나 많은 자손에 대한 축복은 가나안이 아닌 애굽에서 성취된다. 70인으로 시작한 이스라엘 백성들은 애굽을 위협할 만큼 거대한 집단으로 성장하게 되었다(출 1:1-7, 9, 12, 20). 포로로 잡혀가기 전까지 이스라엘은 땅과 백성들의 축복을 누렸으나 그들이 언약적 특권을 상실한 때는 회복할 수 없을 정도로 빼앗기고 말았다.

족장들에 대한 언약의 세 번째 요소, 즉 아브라함의 후손이 모든 나라의 복과 저주의 근거가 될 것이라는 약속 역시 역사적 사건을 통해 추적해 볼

---

41) "땅은 성경적 신앙의 핵심 주제는 아니나, 중심 요소이다"라는 Brueggemann의 말은 확실히 과장된 말이지만, 이것은 분명 지배적인 구약성경 신학적 모티브이다 (Walter Brueggemann, *The Land* [Philadelphia: Fortress, 1977], p. 3).

수 있다. 앞에서 언급한 대로 이러한 언약의 기능적 측면은 "땅에 충만하라 땅을 정복하라", 만물을 다스리라는 명령 과 연결된다. 따라서 후손으로서 이스라엘은 적어도 한편으로는 하나님의 복을 전하고 또 한편으로는 심판을 전한다는 점에서 전능하신 하나님의 통치적 대행자로서의 역할을 하게 된다.

족장들의 지배와 중보적 사역은 창세기 12장에 명백히 제시된다. 바로는 "[사래]를 인하여 아브람을 후대"(12:16)하였으나 여호와께서는 사라의 일로 인해 바로에게 "큰 재앙을"(17절) 내리셨던 것이다. 동방의 왕들에 대한 이야기(14:13-16)에서 아브라함은 하나님의 섭리로(20절) 뛰어난 활약을 한다. 마므레에서 여호와를 만난 아브라함은 소돔과 고모라를 위해 중재한다(18:16-21). 하나님은 자신이 계획한 일을 택자 아브라함에게 숨기지 않으시기 때문에(17절) 그의 말을 경청하셨다.

블레셋의 아비멜렉도 아브라함과의 만남으로 저주와 복을 번갈아 경험하게 된다(창 20:3, 7, 17). 그는 하나님께서 아브라함과 함께 계시며(21:22), 언약을 맺어 교제를 가짐으로 복을 받는다는 사실을 알았다(21:27-34). 나중에 아비멜렉은 이삭을 알게 되며, 그의 성공과 번영을 시기한다(26:12-17). 이삭이 우물을 파는 곳마다 물이 나왔으며, 블레셋 사람들 역시 이 축복을 함께 누렸다.

야곱의 이야기는 이 족장과의 친밀한 교제를 통해 복을 받을 수 있다는 암시를 풍성히 제시한다. 끝까지 교활했던 라반은 여호와께서 야곱 때문에 그를 축복하셨다는 사실을 고백한다(창 30:27). 야곱은 여호와로부터 풍족한 복을 받았기 때문에 그의 형 에서에게도 복을 베푼다(33:11). 야곱의 아들 요셉은 분명히 흉년이 왔을 때 애굽에 대한 복의 근원이 되었다. 그는 높은 자리에 오르기 전에도 보디발의 집에서 복의 근원이 되었다: "여호와께서 요셉을 위하여 그 애굽 사람의 집에 복을 내리시므로"(39:5).

## 8) 신학적 회고로서의 창세기

이스라엘이 가나안을 정복하기 직전에 기록된 것으로 보이는 창세기는 적어도 두 가지의 분명한 정경적, 신학적 목적을 가지고 있다. 첫째로, 이 책은 이스라엘의 기원과 목적, 번성 및 앞으로의 삶에 대한 궁금증을 해소해 준다. 이러한 의문들은 명확히, 또는 암시적으로 이스라엘로 하여금 자신들이 신적 목적과 약속을 성취하기 위해 존재한다는 것을 알게 한다. 그러나 이러한 목적과 약속은 이스라엘이 목적이 아니라 수단이 되어 성취할, 보다 궁극적이고 광범위한 계획과 연결된다. 즉 하나님께서 세상을 창조하시고 그의 형상인 인간을 통해 그것을 다스리게 하신다는 것이다. 따라서 이스라엘은 하나님의 목적에 있어서 중요한 역할을 맡았지만 이러한 목적 자체는 아닌 것이다. 사람은 범죄하여 통치자로서의 특권을 상실하고 말았지만 하나님의 주권적 은혜로 말미암아 다시 사귐을 가지게 되었으며, 아담이 받은 명령에 제시된 것과 동일한 특권을 회복하게 되었다. 이러한 상황에서, 남아 있는 믿음의 공동체는 여전히 죄성과 불완전함을 지니고 있으나 세상의 본이 되어 그들을 지배하며, 하나님의 구원의 축복을 선포하고 전해야 한다. 족장의 후손인 이스라엘 자신은 남은 자로서 하나님 나라의 축소판으로 존재하며, 왕이신 메시아께서 모든 피조물을 다스릴 수 있도록 하는 도구가 되어야 한다(창 49:10).

# III
# 출애굽기의 신학
## −A Theology of Exodus−
### by Eugene H. Merrill

## 3. 출애굽기의 신학

### 1) 왕적 선택으로서의 출애굽

이스라엘을 종 된 백성으로 선택하실 것이라는 사실은 이미 족장들에 대한 언약(창 12:1-3; 15:13-21; 18:18; 22:18; 26:3-4)을 통해 제시되었으나, 출애굽 사건이 있기 전까지는 이들이 역사적 실체로 드러나지 않았다. 따라서 출애굽은 하나님께서 이스라엘 역사의 결정적인 계기를 드러내신 중요한 신학적 함축이 담긴 사건이며, 이 사건을 통해 이스라엘은 비로소 국가의 체제를 갖추게 된다. 그러나 이 사건은 그 이상의 의미를 지닌다. 자세히 살펴보면 출애굽 사건 역시 이스라엘에 대한 하나님의 선택과 관련된 역사적 표현과 정확히 일치하는 사건이며 계기이기 때문이다. 이스라엘을 특별한 백성으로 선택하신 것은 시내산에서가 아니라 고센 땅에서였다. 출애굽은 이러한 선택과 관련된 사건이었으며, 시내산은 언약을 공식화 한 것이다.

이것이 정경적 구조의 의도라는 것은 출애굽기의 전반부 몇 장을 자세히 살펴보면 드러난다. 본문에는 이 사건의 순서에 대한 암시로 가득하다. 홍해를 건너기까지 히브리 민족은 족장들에 대한 언약을 상속할 것이 확실한 것처럼 보였으나, 역사적 신학적 사건으로서 그들에 대한 선택은 구속적 행위에 국한된 결정적 형태를 취하였을 뿐이다.

모세가 미디안에 있을 때 애굽의 왕이 죽었기 때문에 모세는 돌아올 수 있었다. 그러나 더욱 중요한 것은 하나님이 "그 고통 소리를 들으시고 아브라함과 이삭과 야곱에게 세운 그 언약을 기억"(출 2:24) 하셨다는 사실이다. 본문은 확실히 옛 언약과 현재적 구원을 연결한다. 이어서 언약적 형식의 언어를 통해 떨기나무 가운데 모세에게 나타나신 하나님은 자신에 대해 "네 조상의 하나님이니 아브라함의 하나님, 이삭의 하나님, 야곱의 하나님" (출 3:6)이라고 말씀(확인)하신다. 그는 오셔서 말씀하시고, "내 백성"을 구원하여 그들을 약속의 땅으로 인도하신다(출 3:8). 모세가 백성들에게 그의 이름을 무엇이라고 말해야 할지를 묻자, 하나님께서는 "조상의 하나님" 여호와(3:15)라고 대답하신다. 다시 한번 조상들과 히브리 후손들의 연관성이 확인되지만, 결정적 사건을 통해 그들을 선택한 계기에 대해서는 여전히 제시되지 않았다.

모세가 애굽을 떠나기 전날 밤, 여호와께서 그에게 다시 나타나셔서 바로에게 가서 "이스라엘은 내 장자"이므로 아들을 애굽의 지배에서 놓아줄 것과, 만일 그렇지 않을 경우 장자의 죽임을 당할 것이라고 전하게 하셨다 (출 4:22-23). 친족관계에 관한 이 대담한 언어는 족장의 후손에 대한 약속을 넘어 동일한 영광을 가진 양자적 관계를 암시한다.[42] 이스라엘은 아브라함의 후손으로서 모든 민족들 가운데 구별된 민족일 뿐만 아니라 하나님의 장자로서 다른 민족들과도 구별된다. 그러나 양자라는 말도 여전히 관계를 지칭하는 용어이며 기능에 관한 것이 아니다. 이스라엘은 아브라함으로부터 이어져 오는 선택적 은혜의 상속자로서 하나님의 자녀이나, 종으로서의 기능적 사명은 아직 분명히 드러나지 않는다.

아들과 종 사이의 분기점에 관한 증거는 모세에 대한 두 번째 계시, 즉 출애굽기 6:29에 언급된 여호와로서 하나님의 계시이다. 본문에서 하나님은 족장들의 이름을 반복한다. 그는 그들에게 이미 엘 샤다이(*El Shaddai*)였으

---

[42] Shalom M. Paul, "Adoption Formulae: A Study of Cuneiform and Biblical Legal Clauses," *MAARAV* 2 (1970-80): 178.

나 이제는 여호와로 알려진다. 그는 구속적 언약의 근거이며 전능자였으나, 이제 여호와로서 그것의 실행자이시다. 이것은 구원의 약속 때문이 아니라 그 행위 자체 때문이다.

따라서 하나님께서는 "나의 언약을 기억하노라"고 말씀하신다. 그는 여호와로서 "그 고역에서 너희를 건지며... 너희를 구속하여... 너희로 내 백성을 삼고 나는 너희 하나님이 되리니"(출 6:5-7)라고 말씀하셨다. 무엇보다 중요한 것은 이스라엘을 "내" 백성으로 삼겠다는 구속에 관한 말씀이다. 그 이유는 이스라엘은 이미 하나님의 자녀로서 후손에 관한 약속의 상속자였기 때문이다. 따라서 본문에서 새롭게 제시된 것은 그를 섬기는 종으로서 이스라엘의 역할이다. 이제 이러한 이해에 대한 완전한 증거를 제시해야 할 것이다.

### 2) 출애굽기 19:4-6 및 언약의 종

출애굽기 19:4-6이 출애굽기에서 신학적으로 가장 중요한 본문이라는 것은 의심할 여지가 없다. 본문은 이스라엘의 아들 됨에 관해 족장들에게 하신 약속과 이스라엘을 여호와의 종 된 나라로 삼은 시내산 언약의 요체가 되기 때문이다.[43] 이것은 이스라엘에 대한 선택으로 나타나는 출애굽 사건을 포함하며, 선민들에게 주권자 하나님과 모든 피조 영역을 중재하는 특권적 역할을 수행할 수 있는 기회를 제공한다. 따라서 본문에 보다 많은 관심을 가져야 한다.

본문은 이스라엘이 그 순간에 이르기까지의 역사적 과정에 대한 개관으로 시작한다. 여호와께서는 자신이 이스라엘의 이전 주권자인 애굽을 물리치고 독수리 날개로 그들을 인도하였다고 말씀하신다. 이것은 적어도 하나님의 관점에서 볼 때 언약적 관계에 영향을 준 것은 출애굽 기적 자체이며, 시내산에서의 협상이 아니라는 지금까지의 주장을 뒷받침해 준다. 또한 아브라함

---

43) Dumbrell, pp. 80-81.

의 후손으로서 이스라엘의 아들 됨과 종 된 백성으로서의 지위를 구별해 준다. 이스라엘은 아들로서 구속받았기 때문에 그의 아들 됨은 이미 확인되었다. 따라서 "내게로 인도하였음"(19:4)이라는 여호와의 말씀은 같은 본문에서 제시하고 있는 또 다른 하나의 관계에 대한 언급임이 틀림없다.

그러나 먼저 새로운 관계의 매개체가 될 수단, 즉 시내산(모세) 언약에 대해 간략히 생각해보자. 여호와께서는 모세와 백성들에게 "세계가 다 내게 속하였나니 너희가 내 말을 잘 듣고 내 언약을 지키면 너희는 열국 중에서 내 소유가 되겠고"(19:5)라고 말씀하신다. 이것은 여러 가지 면에서 놀라운 말씀이다. 첫째로, 이 언약은 조건적이거나 적어도 조건적 요소를 가진다는 것이다. 이러한 특징은 본질적으로나 신학적으로 무조건적 언약으로 알려져 있는 창세기 언약이나, 출애굽의 구원을 통해 이스라엘을 하나님의 백성으로 삼으신 하나님의 무조건적인 은혜와 뚜렷한 대조를 보인다. 이스라엘이 하나님의 백성이라는 사실은 하나님의 무조건적 주권에 관한 문제이며, 이스라엘이 특별한 방식으로 하나님을 섬겨야 한다는 것은 이스라엘의 자유로운 선택에 달려 있다.

둘째로, 언약의 조건에 순복할 경우 이스라엘은 열국 중에서 하나님의 "소유"가 될 것이다. 히브리어로 *sĕgullāh*는 개인적 소유를 지칭한다.44) 여호와는 열국을 다스리는 통치자이시나 그들 가운데 이스라엘을 택한 소유로 삼으시고 그의 섭리적 계획에 있어서 특별한 목적을 수행하게 하신다.

이러한 목적은 출애굽기 19:6에 나타난다. "너희가 내게 대하여 제사장 나라가 되며 거룩한 백성이 되리라." 많은 학자들이 지적한 대로 본문에는 시적 균형이 있다.45) "너희는 열국 중에서 내 소유가 되겠고"(*sĕgullāh mikkol-hâ ʿammîm*)와 "제사장의 나라"(*mamleket kōhănîm*)

---

44) Brown, Driver, and Briggs, p. 688.
45) 예를 들면, John I. Durham, *Exodus*, Word Biblical Commentary, vol. 3 (Waco, Tex.: Word, 1987), pp. 261-62 등이 있다.

및 "거룩한 나라"(gôy qādôš)는 사실상 동의어이며 상호 해석적이다. 즉 하나님의 소유된 백성으로서 이스라엘의 가치는 정확히 거룩한 제사장의 나라로서의 역할에 달려 있다.

### 3) 시내산 언약

여호와에 의해 제시되고(출 19:4-6) 백성들이 받아들인(19:8), 언약의 조건적 성격은 언약에 관한 본문 자체에 분명히 드러난다. 최근 수년간 출애굽기 20:1-23:33의 본문은 고대 아카디아 시대로부터 신앗수르 시대에 이르기까지 고대 근동 전역에서 흔히 볼 수 있는 정치적 비준서와 유사한 봉신 조약으로 알려져 왔다.[46] 특별히 시내산 언약은 신히타이트 왕국의 수도 하투사스(Hattushash)에서 발견된 문헌과 유사하다. 이 문헌들은 히타이트의 많은 왕들과 그들에게 예속된 동맹국들 간의 문제를 다루고 있다. 히타이트 문헌과 같이 출애굽기 본문 및 관련 자료(특히 출애굽기 24장)에는 동일한 문학적 형식으로 볼 수 있는 여섯 가지의 필수적 요소가 나타난다.

이들 조약의 가장 표준적인 형태는 언약에 관계된 당사자들에 대해 규명하고 있는 전문으로 시작한다. 히타이트 조약의 경우 왕에 대해 과장된 용어를 사용하고 찬사를 늘어놓는다. 성경의 전문은 출애굽기 20:2a이다. 본문은 비교할 수 없을 정도로 간단히 언급되어 있다. "[나는] 너의 하나님 여호와로라"가 전부이다. 본문에는 찬사나 칭찬을 늘어놓을 필요가 없다. 여호와라는 이름과 그의 구속적 사역에는 왕의 무한한 권능과 위엄이 내재되어 있기 때문이다.

이것은 언약 형식의 두 번째 요소인 역사적 서문으로 인도한다. 역사적 서문은 히타이트의 통치자와 그들의 조상과 봉신 왕들과 그들의 조상에 대해 길게 언급한다. 이 서문은 전자에 대해 약자를 보호하는 은혜로운 보호자로 소개한다. 때로는 봉신들의 불충성에도 불구하고 보호자가 은혜를 베

---

46) George E. Mendenhall, "Covenant Forms in Israelite Tradition," *Biblical Archaeologist* 17 (1954): 50-76.

풀었다는 내용도 기록되어 있다. 이러한 서문은 언약적 관계가 성공적으로 수행될 수 있도록 역사적 근거와 토대를 세우기 위해 작성된다.

그러나 성경의 역사적 서문은 놀랄 만큼 간결하고 요약적이다: "나는 너를 애굽 땅, 종 되었던 집에서 인도하여 낸"(출 20:2b). 히타이트 왕들의 따분하고 거추장스런 자화자찬과 달리 본문에는 여호와의 언약적 주권과 신실성이 잘 나타나 있다. 그는 애굽의 압제 하에 아무런 소망도 없이 예속되어 있던 자기 백성 이스라엘을 구원하신 분이다. 이 왕은 그의 백성들이 요구하는 모든 것을 확실히 성취하실 것이다.

봉신조약의 세 번째 부분은 이행 사항(stipulation)이다. 이것은 경우에 따라 일반적 요구 사항과 구체적이고 상세한 요구사항으로 나뉘어 제시되기도 한다. 후자는 종종 일반적 조항에 포함된 원리들을 설명하거나 수정하기도 한다.

시내산 언약이 이 경우에 해당한다. 출애굽기 20:3-17(십계명)은 일반적 조항을 포함하지만, 20:22-23:33(언약의 책)은 자세한 설명이나 구체적 조항에 해당한다. 두 본문의 차이점은 20:17과 20:23 사이에 삽입된 내용이나 후자의 본문에 언급된 전문 용어에서도 분명히 드러난다. 출애굽기 24:3은 모세가 백성들에게 "여호와의 모든 말씀과 그 모든 율례"를 전했다고 말한다. "말씀"은 히브리어 *dĕbārîm*을 번역한 것으로 다른 곳에서는 십계명으로 번역된다. 반면에 "율례"에 해당하는 *mišpāṭîm*은 구체적 조항들에 대한 언급이다. 이 두 조항의 관계는 나중에 자세히 제시될 것이다.

네 번째 부분은 문헌의 보관이나 공개적 낭독과 관련된 내용으로, 출애굽기의 언약에 관한 본문 밖에 있다. 사실상 본문에는 문헌의 보관에 관한 언급만 있을 뿐이다. 신명기에는 공개적 낭독을 요구하는 내용이 있다(신 6:4-9). 그러나 언약 문헌을 여호와의 지상 거주지인 성막(나중에는 성전)에 보관하는 것이 중요한 이유는 성막 건축에 있어서 언약궤에 관한 내용이 가장 먼저 제시된다는 점에서 잘 드러난다(출 25:10-22). 시내산 언약을 기록한 자료를 담아두는 궤나 여호와께서 앉아서 백성들을 다스리는 상징적 보좌는 아카시아 나무로 만들었다.

사실상 모든 봉신조약은 상호 신뢰를 다짐하는 엄숙한 맹세를 위해 여러 신들의 이름을 열거한다. 이 "증인들"은 성경의 경우 찾아볼 수 없다. 그 이유는 하나님 외에 다른 신이 없으며, 언약을 위반할 경우 호소할 더 큰 능력을 가진 신이 없기 때문이다. 그러나 이 증인에 해당하는 것들이 없지는 않다. 출애굽기 24장의 언약 체결 장면에는 "증인"들이 있기 때문이다. 이들은 여호와를 대표하는 제단과 열두 부족을 대신한 열두 기둥이다. 이들이 대표성과 함께 증인의 역할을 하는지에 대해서는 분명한 언급이 없었지만 무생물을 이용한 자체는 분명 이러한 가능성을 보여준다.[47]

조약의 여섯 번째이자 마지막 요소는 봉신의 불순종과 순종에 대한 저주와 축복에 관한 내용이다. 이 내용 역시 시내산 언약이나 그와 유사한 본문에는 나타나지 않는다. 그러나 이 요소는 언약적 내용을 담고 있는 것이 분명한 레위기 26장에 나타나며, 이스라엘이 "규례"(ḥăqqîm)와 "계명"(miṣwôt)을 준행할 경우 축복이, 불순종할 경우 저주가 임할 것이라는 내용이 언급된다(3절). "축복에 관한 본문"(2-13절)은 출애굽기 20:2의 언약 형식에 예언되어 있다: "나는 너희를 애굽 땅에서 인도하여 내어 그 종된 것을 면케 한 너희 하나님 여호와라"(레 26:13). 그러나 본문의 핵심적 주제는 고대 아브라함 언약과 연결되어 있다: "내가 너희를 권고하여 나의 너희와 세운 언약을 이행하여 너희로 번성케 하고 너희로 창대케 할 것이며"(레 26:9). 언약의 순종에 대한 축복은 아브라함의 후손, 이스라엘에 대한 아브라함 언약의 성취이다.

---

47) 신명기 4:26; 30:19; 31:28. Meredith Kline, *Treaty of the Great King* (Grand Rapids: Eerdmans, 1963), p. 15.

"저주에 관한 본문"(레 26:14-39)은 언약의 배반과 저주를 관련시킨다(15절). 반역의 행위는 땅에서의 풍작과 번영 및 안전에 대한 약속을 반전시킨다. 계속해서 회개치 않을 경우 결국 쫓겨남을 당하고 땅의 황폐화를 가져올 것이다. 이것은 출애굽 사건 자체를 반전시키는 것으로서 여호와를 섬기는 백성이 다른 주인의 노예가 되는 것을 의미한다.

레위기 26장의 저주와 축복이 엄밀한 의미에서 출애굽기 20-23장에 한정된 시내산 언약의 한 부분이라는 사실은 마지막 절에 제시된다. 이 구절은 출애굽기 20-23장뿐만 아니라 출애굽기 나머지 부분 및 레위기 1-26장 전체 내용의 요약으로 제시된다. "이상은 여호와께서 시내산에서 자기와 이스라엘 자손 사이에 모세로 세우신 규례($ḥuqqîm$)와 법도($mišpāṭîm$)와 율법($tôrôt$)이니라"(레 26:46).

시내산 언약의 언어나 형식은 봉신조약을 축약한 형태로 되어 있다. 따라서 이 점에서 시내산 언약은 종전의 아담-노아-아브라함 언약과는 다르나, 기능적 면에서 이들과 동일하며 그것을 성취한다. 시내산 언약은 선택받은 아브라함의 후손 이스라엘이 여호와를 섬기는 백성이 되어, 타락하여 멀리 떠난 피조물에게 하나님의 구원의 은혜를 중재하는 역할을 하기 위한 도구이다. 약속과 구속에 의해 이스라엘을 여호와의 백성으로 선택하신 것은 무조건적이었지만 거룩한 나라와 제사장의 나라로서 이스라엘의 역할과 능력은 모세를 통해 주신 언약을 얼마나 충실하게 준수하느냐에 달려 있다. 이것은 이어지는 신명기에 대한 연구를 통해 더욱 분명히 드러날 것이다.

### 4) 이스라엘과 언약에 대한 책임

이스라엘이 자신이 받은 사명을 어떻게 감당해야 하는가에 관한 내용은 시내산(그리고 이후의 신명기) 언약, 구체적으로는 이 언약의 전체 이행 조항들 안에 담겨 있다. 일반적으로 성경 학계에서는 십계명과 그것에 이어지는 언약의 책(Book of the Covenant)을 법률적 의미에서 율법으로 부른다.

이것은 전적으로 잘못된 개념은 아니지만,[48] 이들 본문이 조약문서의 이행 사항에 지나지 않는다는 최근의 인식은 역사적, 문학적, 신학적 환경과 정확히 부합된다.[49] 이 이행 사항은 대체로 인간의 행위를 통제하기 위한 것이 아니다. 그 속에 포함된 원리들은 발전적이고 영원한 것이지만, 정확히 말하면 특별히 선택된 백성들에게 특별한 사명을 위한 법적 도덕적 종교적 지침을 제공하기 위한 계약의 일부라고 할 수 있다. 또한 이 조항들은 유월절과 출애굽으로 상징되는 구원의 수단도 아니며, 오히려 언약 백성들이 제사장적, 중보자적 백성으로서의 민족적 사명을 수행하기 위한 교훈적 편람이라고 할 수 있다. 이 이행 사항은 교훈적 의미에서 토라(tôrāh)였다.

이스라엘이 받은 율법의 본질을 언약적 이행 사항으로 본다면, 이 조약의 전체 이행 사항이 두 부분으로 나뉜다는 사실에 유념하는 것이 중요하다. 첫 번째 부분은 십계명으로, 형식이나 기능에 있어서 두 번째 부분인 언약의 책과는 완전히 다르다. 많은 학자들이 제시한 대로 십계명은 명문법(apodictic law)에 해당한다.[50] 이것은 대부분 "하지 말라"는 명령으로 표현된, 총체적이고 무조건적이며 원리적인 본질에 대한 언급이다. 한편으로 언약의 책은 결의법 (casuistic law)적 성격을 지닌다. 본문의 조항들은 구체적인 사건이나 사건의 종류에 관해 언급하며 주로 조건절과 귀결절(protasis-apodosis)의 형식으로 제시된다. 즉, "만일 누가 ...하면, ...한 벌이 내린다"라는 것이다.[51]

---

48) 비록 십계명을 언약으로부터 떼어 내긴 하였으나, Phillips는 여전히 십계명이 언약적 기능 외에도 민법적, 법적 기능을 수행한다고 주장한다(Anthony Phillips, "The Decalogue-Ancient Israel's Criminal Law," *Journal of Semitic Studies* 34 [1983]: 1-20).
49) Erhard Gerstenberger, "Covenant and Commandment," *Journal of Biblical Literature* 84 (1965): 43; Walther Eichrodt, "Covenant and Law," *Interpretation* 20 (1966): 309-11.
50) 이 문제의 본질적인 연구에 관해서는 Albrecht Alt, "The Origins of Israelite Law," in *Essays on Old Testament History and Religion* (Garden City, N. Y.: Doubleday, 1968), pp. 101-71를 참조하라.

자세히 살펴보면 짧고 일반적인 조항들은 그것에 대한 수정이나 구체적 적용으로서의 보다 긴 조항들과 관련된 "규정"과 유사하다. 따라서 십계명의 각 조항은 이어지는 언약의 책을 통해 상세한 내용을 제시한다. 그 결과 이러한 원리들은 실제적인 일상에 대한 정확한 언급과 함께 구체화된다.

### 5) 언약과 십계명

여기서 십계명의 각 조항들(출 20:3-17)에 대한 상세한 주석은 불가하며 그럴 필요성도 없다. 완전한 의미는 언약적 이행 사항으로서 정경적 상황으로부터 나오기 때문이다. 다음의 설명은 이러한 점을 염두에 둔 것이다.

#### (1) 제1계명

첫 번째 계명은 봉신조약에 의해 제기된 관계의 핵심에 대한 직접적인 언급이다. 여호와께서는 자기 백성들을 택하시고 그들을 다른 주인(애굽)으로부터 구원하셨다는 사실에 근거하여, 그들에게 일편단심 자신에게만 충성하는 태도를 견지하라고 명령하신다. "너는 나 외에는 다른 신들을 네게 있게 말찌니라"(3절)는 명령은 주권과 경배에 대한 여호와의 배타적 요구와 관련된 절대적 단언이다. 이 명령을 범하는 것은 가장 큰 배반이기 때문에 모든 언약적 관계를 부인하는 것이다.

#### (2) 제2계명

이 개념(4-6절)은 어떠한 종류의 우상이나 형상으로 여호와를 대신하는 것을 금한다. 이렇게 하는 것은 초월적이고 형언할 수 없는 하나님을 제한하는 것으로 창조자와 피조물을 혼동하는 것이기 때문이다. 이러한 형상에게 절하고 섬기는 것은 하나님의 주권에 대한 바른 태도나 인식이 아니다. 이 요구에 대한 순종의 동인은 이중적이며, 간략한 저주와 축복의 형식으로 제시된다. 우상을 섬기는 자는 여호와를 "미워하는 자"(5절)이다. 반면에 그

---

51) 형식비평적 분석에 관한 훌륭한 논쟁에 관해서는 Harry W. Gilmer, *The If You Form in Israelite Law* (Missoula, Mont.: Scholars Press, 1975), pp. 1-26을 참조하라.

랗지 않는 자는 그를 "사랑하는 자"(6절)이다. 언약과 관련된 본문에서 이 동사들은 가장 교훈적이다. "미워하다"는 거절한다는 뜻이며 "사랑하다"는 선택한다는 의미이다.52) 우상숭배자들은 그들의 이러한 행위 때문에 참 하나님을 거절하고, 그들 자신의 꾸며낸 형상을 택한 것이다. 반면에 그를 사랑하는(택한) 자, 즉 그에게 순종하는 자는 그의 상대적/호혜적 사랑(ḥesed)을 받는 자가 된다. 그를 섬기는 백성으로서 여호와에 대한 충성은 그들에 대한 신실함과 사랑을 가져다 줄 것이다.

### (3) 제3계명

세 번째 계명은 그의 존재에 대한 확장으로서 여호와라는 이름과 여호와 자신을 연결한다. 신적 이름을 오용하는 것(7절)은 신성모독에 해당한다. 왜냐하면 고대근동 및 이스라엘에서는 이름이 개인의 속성과 성품 및 운명을 나타낼 뿐만 아니라, 때로는 그 사람의 인격과 동일시하였기 때문이었다. 이것은 모든 성경이 증거하는 대로 하나님에 대한 언급에서도 마찬가지이다(출 23:20-21; 왕상 8:33; 시 54:3; 86:9; 118:26; 148:5; 빌 2:9-10). 그의 이름을 오용하거나, 아무런 목적 없이 맹목적으로 사용하거나(laššāw'), 적절하게 사용하는 것은 하나님을 자신의 목적에 이용하는 것이다. 이것은 봉신이 자신의 유익을 위해 거룩한 이름을 파는 파렴치한 행동으로서, 결과적으로 언약적 관계에서의 역할을 바꾸는 행위이다.

### (4) 제4계명

이것은 이스라엘의 주로서 여호와의 인격에 대한 인정과 존경으로부터 세상에 대한 지배권 행사에 관한 내용으로 초점을 바꾼다. 그는 "안식일을 기억하여 거룩히 지켜야"(출 20:8) 한다. 이것은 이스라엘 백성의 가족과 종 및 짐승들이 제 칠일에 일/노동을 중단함으로 지킬 수 있다. 이 명령의 신학적 의미는 동인이 되는 구절(11a, 11b절)을 통해 얻을 수 있다. 본문은 이 날을 구별하는 이유에 대해 (1) 여호와께서 엿새 동안 만물을 창조하시

---

52) W. L. Moran, "The Ancient Near Eastern Background of the Love of God in Deuteronomy," *Catholic Biblical Quarterly* 25 (1963): 77-87.

고 제 칠일에 쉬셨으며, (2) 그가 제 칠일에 창조활동을 쉬시고, 안식일을 구별하여 이를 기념하게 하셨기 때문이라고 말한다. 여호와는 창조를 통해 절대적 주권을 확립하게 되었으며, 사람들은 그것을 가장 근본적인 역사적 사건으로 기억함으로 그의 언약에 더욱 충성하게 된다.53) 언약의 제정자로서 여호와에 대한 신뢰를 확립해야 한다. 그는 시공세계의 주인이시다. 하나님의 대리자이자 그의 형상인 사람은 역사적, 종말론적 영역에서의 "안식일"에 그의 노동을 쉬어야 한다. 시내산 언약의 차원에서, 안식일은 이스라엘에 대해 종 된 백성으로서의 역할과 궁극적인 안식일에 그들이 수행할 역할에 대해 상기시킨다.

(5) 제5계명

4계명부터 바뀐 초점은 5계명에도 지속된다. "네 부모를 공경하라"(출 20:12). 4계명의 노동에 대한 언급은 이제 5계명의 땅으로 연결된다. 즉, 부모에 대한 올바른 공경은 땅에서 장수하게 한다. 보다 중요한 것은 이 계명이 여호와가 지배하는 통치 체계의 질서와 구조를 상기시킨다는 점이다. 전체 언약 관계에는 책임 및 기능적 영역이 있다. 봉신은 궁극적으로 대왕에 대한 책임만 다하면 되지만, 한편으로는 사회의 계층 구조와 조화를 이루며, 자신보다 위에 있는 자들을 존경해야 한다. 나중에 여호와와 이스라엘의 언약은 남편과 아내(호 2:2-8), 아버지와 자식(11:1-4)과 같은 가족적 용어로 표현된다. 따라서 모든 존경과 경외의 대상이신 여호와를 대표하는 부모를 공경하는 것은 당연하다. 부모를 공경하는 것은 여호와를 공경하는 것이며, 그들을 경멸하는 것은 언약을 범하고 불순종하는 것과 같다. 그렇다면 다섯 번째 계명은 인간관계의 수직적 영역에 대한 언급이라고 할 수 있다. 권위에는 여러 가지 형태가 있으며(부모와 자식은 그 중의 한 예에 불과하다), 이러한 권위는 본질적으로 하나님의 통치를 반영하는 한 인정되고 유지되어야 한다.

---

53) Matitiahu Tsevat, "The Basic Meaning of the Biblical Sabbath," *Zeitschrift für die Alttestamentliche Wissenschaft* 84 (1972): 495.

### (6) 제6계명

"살인하지 말찌니라"(출 20:13)는 명령은 고대 노아 언약에서 받은 피해만큼 보복하는 법(lex talionis)을 명백히 반복한다. "무릇 사람의 피를 흘리면 사람이 그 피를 흘릴 것이니 이는 하나님이 자기 형상대로 사람을 지었음이니라"(창 9:6). 여기서 특별히 중요한 의미를 가지는 부분은 모티브가 되는 구절이다. 왜냐하면 이 구절은 간략한 형태로 되어 있는 십계명에서 근본적인 악을 구별해 주기 때문이다. 사람은 다른 사람을 죽여서는 안 된다. 이러한 살인은 하나님 자신에 대한 치명적 공격이기 때문이다. 생명은 일반적으로 하나님께 속한 것이며(따라서 부주의하여 땅에 피를 흘리거나 먹어서는 안 된다), 특히 사람은 하나님의 형상이기 때문에 그의 생명을 범하는 것은 하나님의 주권에 대한 모욕이자 그의 지상적 대표자에 대한 공격이다. 이러한 신학적 관계만이 살인에 대한 처벌의 심각성을 설명해 줄 수 있다. 그것은 치명적 범죄이며 이스라엘을 넘어 모든 민족에 해당하는 보편적 처벌이자 살인행위에 상응하는 공정한 조치이다. 이 언약을 범하는 것은 봉신이 같은 봉신의 생명을 빼앗는 것임이 분명하다(적어도 시내산 언약의 문맥 안에서).

### (7) 제7계명

불순종과 관련하여 이와 유사한 사례는 "간음하지 말찌니라"(출 20:14)는 다음 계명에서 볼 수 있다. 인간적 차원에서 간음은 사실상 신실하지 못한 행위에 해당한다. 따라서 이 계명은 하나님-인간이라는 보다 높은 단계의 언약적 배신행위(불충성)에 유추된다. 성경에는 이스라엘이 구원주를 버리고 아무런 언약적 관계도 없는 "다른 신들을 음란히 섬겼다"는 언급이 자주 등장한다(출 34:15-16; 레 17:7; 20:5; 신 31:16; 삿 2:17; 시 73:27; 겔 6:9). 따라서 간음은 참과 거짓의 혼합이고, 거룩과 세속의 혼합이며, 순수와 타락의 혼합이다. 그것은 상호 충성을 서약한 당사자들 간의 신뢰 관계를 허무는 것이다. 가장 심각한 것은 언약과 관련된 불화이다.

### (8) 제8계명

이 명령은 봉신의 본질에 관한 문제이다. 즉 소유와 그것의 관리 및 적절한 사용에 관한 내용이다. "도적질하지 말찌니라"(출 20:15)는 명령은 모든 백성(특히 이스라엘)이 창조주이자 구원주이신 하나님의 봉신으로서, 하나님은 그들에게 모든 것을 주시며 주신 것에 대한 청지기 정신을 요구하신다는 사실을 인식함으로만 이 계명 속에 담긴 진정한 의미를 알 수 있다. 군주는 권위와 책임의 영역을 구분해 주실 뿐만 아니라 각 봉신에게 이 땅에서 그가 원하시는 것을 성취하기 위한 수단을 제공하신다. 그러므로 훔치는 것은 적어도 군주에 대한 세 가지의 죄를 범하는 것이다. (1) 다른 사람이 받은 것을 자신이 주인 행세를 하기 위해 빼앗은 죄, (2) 하나님께서 주신 것만으로 자신의 할당된 일을 성취하지 못한 죄, (3) 각자에게 역할과 능력을 따라 주신 하나님의 지혜를 무시한 죄 등이다. 물질적인 것이든 비물질적인 것이든, 모든 만물은 하나님께 속하였으며 그의 은혜로운 뜻에 따라 사용하여야 한다.

### (9) 제9계명

언약적 동맹 체제에 있어서 봉신들 간의 정당한 관계는 "네 이웃에 대하여 거짓 증거하지 말찌니라"(출 20:16)는 명령에 잘 요약되어 있다. "이웃"(rēa')은 종종 나그네(gēr)나 외국인으로 묘사되기도 하나, 언약 문서에서는 분명히 동료 이스라엘 백성들에 대한 언급임이 분명하다.[54] 본문의 어휘는 전문적, 법적 용어이며 법정에서 고소인을 모략하는 말을 해서는 안 된다는 직접적이고 실제적인 명령이다(출 23:1, 7; 신 19:15-19). 증거에 해당하는 단어('ēd)는 이스라엘과 고대 근동의 언약 문서에서 나온 규범적 단어('ēdût)와 동족어이다.[55] 따라서 이 계명은 적어도 언약적 형제들 간에 언약을 벗어난 어떠한 관계도 부적절하며, 부적절한 표준이 언약공동체 안에서 지배관계를 형성하는 결과를 낳아서도 안 된다는 것을 보여준

---

54) Durham, p. 296.
55) K. A. Kitchen, *Ancient Orient and Old Testament* (London: Tyndale, 1966), pp. 106-8.

다. 같은 언약 공동체 내의 교제에 있어서 같은 이스라엘 백성들 간의 사적 관계는 봉신과 군주의 관계와 마찬가지로 믿고 신뢰할 수 있는 것이라야 한다. 거짓 증거를 하는 행위는 공동체 내의 갈등을 야기하고 자연스럽고 질서 있는 나라의 기능을 붕괴시키는 것이다.

### (10) 제10계명

탐심을 금한 마지막 계명(출 20:17)은 사실상 모든 학자들이 인정하는 대로 주관적 영역 또는 내부적 영역에 해당한다.[56] 다른 명령들은 어쩔 수 없이 어느 정도 외부적으로 표출될 수밖에 없다. 그러나 탐심은 이론적으로 마음에만 존재하며 외부적 행동으로 나타나지 않는다. 외부적으로 표현될 경우 더 이상 탐심이 아니다. 이러한 이유로 언약 문헌의 이행 사항 중 절정에 해당한다고 말해진다. 이것은 언약의 요구사항을 보다 고차원적이고 영적인 영역으로 끌어올렸으며, 인간의 행위와 관련하여 동기의 선악에 따라 범법을 판단하는 기준이 되게 하였다. 잘못된 욕구는 보다 "영적인" 차원의 도적질이며 간음이기 때문에 금지된 것이다.

탐심이 겉으로는 드러나지 않는다 하여도 여호와께서는 마음을 아시기 때문에 분명한 언약의 위반이다. 탐심은 자신의 소유와 주어진 삶에 대한 불만족의 표현이다. 그것은(비록 영적이라 하더라도) 사유 재산에 대한 권리를 위반한 것으로 주권자에 의해 배분된 균형과 공평한 권리를 와해하는 행위이다. 사실상 탐심은 전지전능하신 하나님께서 수여하신 축복에 대한 의문을 제기함으로 하나님의 지혜와 선하심을 비난하는 행위이다.

결론적으로 출애굽기의 구속적 행위와 하나님께서 이스라엘을 봉신으로 택하신 목적에 비추어 볼 때, 십계명의 형식적, 신학적 기능은 하나님과의 언약적 교제를 통해 제사장의 나라로 섬기기 위함임을 알 수 있다. 아브라

---

56) Brevard S. Childs, *The Book of Exodus: A Critical, Theological Commentary* (Philadelphia: Westminster, 1974), pp. 425-28.

함 언약은 그에게 많은 후손들이 날 것이며, 이 후손들은 땅을 상속 받을 것이며, 이 땅은 하나님의 축복을 세상에 전하는 수단으로서 선민의 지리적 근거를 제공할 것임을 확인한다. 출애굽은 이 나라를 다른 주인으로부터 해방시켰으며, 여호와에 대한 새로운 책임을 부과하였다. 언약에 관한 본문과 특별히 십계명에 관한 내용은 이러한 특권을 가진 백성들이 거룩한 나라가 되어 하나님의 나라를 전하고 구원의 축복과 약속을 세상에 중재하기 위해 지켜야 할 지침들을 제공한다.

## 6) 언약의 책

앞에서 살펴본 대로 십계명은 공식적으로 출애굽기 20:1-23:33에 기록된 시내산 언약 문서의 총괄적 이행 사항에 해당한다. 십계명에 이어지는 소위 특별 조항 부분은 판례법에 해당하며, "언약의 책"(the Book of the Covenant)이라고 부른다. 본문은 모든 영역을 다루지 않으며, 언약의 원리를 개별적 사건에 적용하기 위한 하나의 예시일 뿐이다. 이들은 각 조항의 의도를 확대해서 규명하고 영역을 확대하기도 하며, 특히 제의적 원리나 실제에 있어서 그렇다.[57]

언약의 책에 있는 모든 내용을 여기서 다루는 것은 불가능하나, 적어도 공통된 부분을 모아 적절한 신학적 결론을 내리는 것은 도움이 될 것이다.[58]

언약의 책은 기술적으로 출애굽기 20:22부터 시작한다. 본문은 모세가 시내산에서 여호와와 만나는 장면(cf. 19:16-25)과 관련된 백성들의 반응을 묘사한 짧은 산문(18-21절)에 의해 십계명과 분리된다. 구체적인 언약의 이행 사항들을 묘사한 전문적 용어인 "율례"(*mišpāṭîm*)는 21:1까지 제시되지 않는다. 따라서 20:22-26은 이어지는 이행사항에 대한 서문으로 볼 수 있다.

---

57) Ibid., p. 459.
58) 법전의 이행 사항들에 대해서는 C. M. Carmichael, "A Singular Method of Codification of Law in the Mishpatim," *Zeitschrift für die Alttestamentliche Wissenschaft* 84 (1972): 19-24를 참조하라.

이 서문에는 여호와의 배타성, 백성들에 대한 자기계시, 그가 이름을 두시는 곳에서 경배할 것에 대한 요구 및 합당한 제단에 관한 설명이 제시된다.

언약의 책은 정확히 같은 방식으로 끝난다. 본문은 23:13에서 끝나며,[59] 이어지는 단락(14-33절)에는 여호와께서 매년 삼차 그 앞에 보이라고 하는 명령(14-17절)과 희생을 드리는 방식(18-19절)이 언급된다. 그는 이어서 그들과 함께 약속의 땅에 갈 것이며, 그들이 이방신들의 형상을 훼파하고 그들을 좇지 아니하므로 언약을 지키면 그들의 대적을 몰아낼 것이라고 약속하신다(20-33절).

### (1) 판례법적 언약 조항

이행 사항은 여호와의 배타성(출 20:22-23; cf. 23:24-25, 32-33), 구체적 장소에서의 현현(20:24; cf. 23:14-17, 20, 28-31) 및 그를 섬기는 백성들에게 다가가시기 위한 합당한 의전 및 제의(20:24-26; cf. 23:18-19)에 대한 강조의 틀 안에서 제시된다. 따라서 언약의 책의 수평적, 사회적, 상호 관계는 수직적 언약 관계 속에서 궁극적 의미를 찾을 수 있다.

첫 번째 조항(21:2-6)은 종과 관련된 내용이다. 왜냐하면 언약의 본질은 이스라엘이 여호와로 말미암아 애굽의 종살이로부터 구원받은 것이기 때문이다. 히브리인이 다른 히브리인과 노예 계약을 맺은 경우 제 칠년이 되면 자유하게 된다. 이것은 분명히 창조의 구속적 의미와 연관된다. 세상은 여호와로 말미암아 육일동안 창조되었으며 제 칠일에 그가 통치하는 안식에 들어갔다. 이 안식 가운데 사람은 주인으로서의 자유를 누렸다. 그러나 한편으로 본문은 종이 주인과 함께 남을 수 있는 자유에 대해서도 언급한다. 이것은 초점을 악한 주인으로부터의 구원에서 선한 주인에 대한 헌신으로 옮긴다. 주인과의 관계에서 벗어나게 된 종은 주인을 사랑한다는 고백에 의해 언약적 충성을 선언할 수 있다(5절).[60] 그는 이 선언에 이어 종의 표시

---

59) 자세한 내용은 Durham, p. 332를 참조하라.

를 함으로(6절) 자발적 봉신이 되어 주인을 영원히 섬기겠다는 의도를 세상에 공포하게 되는 것이다.

두 번째 조항(21:7-11)은 엄격한 의미에서 종에 관한 내용은 아니나 금전적 필요에 의해 아비가 딸을 종으로 판 경우에 해당한다. 앞의 경우와 달리 자동적인 자유는 없다. 이것은 확실히 이스라엘 사회의 전반적인 관습에 영향을 미쳤지만,[61] 딸에게 단순한 노예 이상의 의미를 부여한 신적 자비에서 신학적 의미를 찾을 수 있다. 만일 여자를 사간 남편이 마땅한 의무를 행하지 않을 경우 여자는 아비에게로 돌아갈 수 있으며, 이 경우 남편은 금전적 요구를 하지 못한다. 이와 같이 불쌍한 여자의 권리는 보호를 받으며, 하나님과 그의 백성 간의 언약을 모델로 한 결혼 제도는 안전하게 보존된다.

세 번째 조항(21:12-17)은 살인, 부모를 치는 것, 유괴, 부모에 대한 저주 등에 관한 것으로 모두 사형에 해당하는 죄이다. 이러한 행위는 모두 하나님의 형상인 사람을 해하려는 행위이기 때문에 심각한 결과를 초래하게 되는 것이다. 첫 번째 경우인 살인은 하나님에 대한 공격이기 때문에 무서운 불순종에 해당되는 죄로서 범법자는 반드시 죽여야 한다(12절). 물론 우연한 살인의 경우 사형에 해당하지 않으며 예외적 조항이 인정된다(13절; cf. 민 35:22-23; 신 19:4-5). 살인에도 불구하고 사형을 면한 예외는 다윗이 우리아를 죽인 것처럼 하나님의 은혜 아래에서만 인정된다(삼하 12:13).

부모에 대한 신체적 공격의 경우(출 21:15)에도 범법자는 사형에 처한다. 언약 공동체의 계층 구조에서 하나님을 대표하는 자로서 부모에 대한 이러한 행위는 주권자 자신에 대한 불순종으로 보아야 한다(cf. 20:12-13).[62] 말

---

60) 성경 외 문헌에서 발견되는 이 용어의 "준 사법적인"(quasi-juridical) 용례에 대해서는 Shalom Paul, *Studies in the Book of the Covenant in the Light of Cuneiform and Biblical Law* (Leiden: Brill, 1970), p. 49, n. 2를 참조하라.
61) Ibid., pp. 52-61.
62) Ibid., p. 64.

로 상처를 준 경우, 즉 부모를 저주한 경우에도(21:17) 동일한 불경에 해당하므로 사형에 처한다.

유괴도 동일한 처벌을 받게 되는 것은 하나님의 형상으로 창조된 인간의 존엄성 때문이라고 설명할 수 있다. 인간을 유괴하거나 사고파는 행위는 하나님께서 인정하신 인간의 참된 가치를 인정하지 않는 것이다.

네 번째 조항은 신체적 공격에 대한 법이다(21:18-27). 본문이 주로 초점을 맞추고 있는 것은 고의성 여부이다. 그러나 각각의 경우에 있어서 가해자는 결과에 따른 책임을 면할 수는 없다. 상처가 날 정도로 싸운 경우 가해자는 금전적 보상을 해야 한다(18-19절). 이것은 급하고 다혈질적인 행위를 배제하는 것으로, 다시 한번 하나님 아래 있는 인간의 존엄성을 강조한다. 마찬가지로 종에 대한 상해나 그의 죽음은 보상되어야 한다(20-21절). 그도 하나님의 형상으로서 결코 소유물이 아니기 때문이다. 종에 대한 과잉 징벌로 단순한 훈계의 차원을 넘은 경우(20-21절이 제시하듯이) 종은 자유함을 받는다(26-27절). 왜냐하면 어떠한 사회적 지위나 형태로 제시되든, 하나님의 형상이 문제가 되기 때문이다. 두 사람의 싸움에 제 삼자가 다쳤을 때, 특히 임신한 여인이나 태아가 다친 경우(22-25절) 피해 받은 만큼 보복하는 법(lex talionis)이 적용된다.[63] 즉 아무런 해가 없는 경우 금전적 보상이면 충분하나 다치거나 죽은 경우 가해자는 동일한 처벌을 받아야 한다.

다음 조항은 짐승이 사람을 다치게 하거나 죽인 경우와 관련된다. 예를 들어 만일 어떤 사람의 소가 다른 사람을 다치게 하거나 죽인 경우 그 소는 도살하고, 소 임자는 피해의 정도나 소의 버릇을 알고 있었는지의 여부에 따라 처벌을 받는다(21:28-32). 소의 운명은 동물이 사람의 주권에 복종

---

63) Meredith G. Kline, "Lex Talionis and the Human Fetus," *Journal of the Evangelical Theological Society* 20 (1977); 193-201; H. Wayne House, "Miscarriage or Premature Birth: Additional Thoughts on Exodus 21:22-25," *Westminster Theological Journal* 41 (1978): 108-23. 이 원리에 관해서는 Paul, pp. 75-77을 참조하라.

해야 한다는 신학적 원리를 분명히 보여준다. 소가 다른 소를 받아 죽인 경우 금전적 배상만 하면 된다는 것은 동물 간의 관계가 상대적으로 중요치 않게 다루어지고 있음을 보여준다(35-36절).

그러나 만일 동물이 구덩이에 빠져 죽은 경우(21:33-34)나 도둑이 훔쳐 가 도살하거나 팔았을 때(22:1-4), 전자의 경우 주인은 정당한 보상을 요구할 수 있으며(사고였으므로), 후자의 경우 네 배나 다섯 배의 보상을 요구할 수 있다. 특히 도적이 밤에 침입하다 주인에게 발각되어 죽은 경우 살인은 정당화될 수 있다. 어떤 종류의 도적질도 그만큼 처벌이 심하지 않다. 따라서 동물과 그 임자의 결속력은 사람과 생명이 없는 소유물과의 결속력과 다름을 알 수 있다.[64]

출애굽기 22:5-17은 대략적으로 소유에 관한 법이라고 할 수 있다. 첫 번째 경우(5절)는 짐승을 풀어놓아 방목함으로 입게 되는 농작물 피해에 관한 내용으로, 적절한 배상이 따라야 한다. 두 번째 경우(6절)는 불로 인한 손실에 관한 것으로, 동일한 배상을 해야 한다. 세 번째 경우(7-15절)는 맡긴 물건의 보관에 관한 내용이다. 그것을 도적맞았거나, 동물인 경우 죽거나 상하게 하였으면, 그것을 맡았던 사람은 재판장 앞에서 자신의 무죄를 맹세해야 한다. 사실일 경우 그에게 책임이 없으나 훔친 경우 두 배로 갚아야 한다. 이 모든 가르침은 소유물이 궁극적인 가치는 없다 하더라도 소유주의 일부로 간주한다는 것을 보여준다. 다른 사람이나 그의 책임 아래 있는 소유물을 사취하는 것은 그의 주권을 침범한 것과 동일하다. 만일 이웃에게 빌린 물건을 임자가 없을 때 상하거나 분실한 경우 배상을 해야 하며, 세 낸 것은 배상하지 않아도 된다(14-15절).

처녀를 꾀어 동침한 경우(16-17절)는 "소유"에 관한 법과 관련하여 앞에서 언급한 내용의 연장선상에서 볼 수 있다. 본문에서 협상은 가해자와 처

---

[64] 대부분의 학자들은 출애굽기 22:2-3을 일반적인 도적들에 대해 설명하고 있는 삽입구로 본다. 그러나 특별히 동물을 도적질하는 행위에 대한 본문의 일부로 볼 수도 있다.

녀의 아버지가 하기 때문이다. 그녀가 그의 "소유"라는 점에서, 소유물이 침범을 당한 사건으로서 빙폐(mōhar[결혼 지참금])에 관해서는 그녀가 가해자의 아내가 되느냐 그렇지 않느냐의 여부에 따라 결정된다. 처녀가 가해자의 아내가 되지 않을 경우에 배상을 해야 하는 이유는 처녀성을 잃었으므로 더 이상 신부의 값을 요구할 수 없기 때문이다. 말하자면 처녀의 아버지는 고가의 소득원을 잃어버린 것이 되며 이 손실에 대한 배상인 셈이다.[65]

### (2) 필연적 언약 조항

많은 학자들이 인정하는 대로 출애굽기 22:18에서 시작하는 언약의 책의 후반부와 조항들은 내용과 형식에 있어서 분명한 변화를 보인다. 전반부(출 20:22-22:17)는 근본적으로 판례법과 관련되나, 후반부는 그렇지 않다.[66] 즉 이 조항들은 각각의 범법 행위에 대한 처벌에 관한 언급이 거의, 또는 전혀 제시되지 않는다.

이 조항과 첫 번째 조항과의 주제적 통일성은 언약적 신실함에 있다. 첫 번째 언급은 여호와에 관한 것이며(22:18-20) 다음으로는 동료 언약 백성에 관한 내용이다(22:21-23:9). 무당은 거짓 신과 거짓 종교 체계를 전하는 반역자이므로 반드시 죽여야 한다(22:18). 수간은 가증스러운 것이다(19절). 사람은 유일하게 하나님의 형상대로 창조되었으며, 동물을 포함한 만물을 다스려야 하는 자이기 때문이다. 자신을 짐승과 같은 반열에 두는 것은 사람이 부여받은 주권을 포기하고 하나님을 모욕하는 행위이다. 거짓 신들에 대한 희생(20절)은 진멸(ḥērem)에 의한 말살에 처해야 할 반역 행위이다.

언약의 형제에 대한 충성은 먼저 이방 나그네에 적용된다(22:21). 그것은 이스라엘 백성들 스스로가 애굽에서 나그네가 되었고 그들에게 심한 학대를 받았기 때문이다. 특히 과부나 고아는 더욱 의지할 데 없는 자들이므로 공동체의 가장 약한 구성원들인 그들이 보호와 양육을 받아야 한다(22-24

---
65) Ronald de Vaux, *Ancient Israel* (New York: McGraw-Hill, 1961), 1:26-27.
66) Childs, *Exodus*, p. 477.

절). 백성 중 가난한 자 역시 긍휼과 특별한 물질적 관심을 기울여야 한다. 여호와는 자비로우시며 자기 백성들 가운데 어느 누구도 부족하기를 원치 않으시기 때문이다. 특별히 본문에는 이러한 관심이 가난한 형제들에게 돈을 꾸인 경우와 관련하여 언급된다(25절). 외부 사람들에게는 이자를 받을 수 있으나(신 23:20-21), 이스라엘 백성들에게 이자를 받는 것은 그의 불행으로부터 유익을 취하는 것이므로 금지된다. 만일 가난한 자의 옷을 전당잡은 경우 해 지기 전에 돌려줌으로 그가 추위에 떨지 않도록 해야 한다. 그 이유는 분명하다. 하나님은 자비로우시기 때문이다. 따라서 그를 섬기는 자들은 주변 사람들에게 자발적인 자비를 드러내어야 한다(출 22:26-27).

가난한 자와 불쌍한 자에 대한 관심의 이면에는 하나님과 인간 통치자에 대한 정당한 존경심이 제시된다(22:28). 이러한 태도에 대한 실제적인 적용으로서, 이스라엘은 군주이신 여호와께 복종하는 봉신의 역할을 감당하기 위해 추수한 것과 함께 처음 난 아들 및 짐승의 첫 새끼를 하나님께 드려야 한다. 첫 아들이나 첫 새끼는 팔 일만에 드려야 하는데(30절) 이것은 남자 아이가 언약 공동체의 한 구성원이 되었다는 표시로 팔 일만에 할례를 받았다는 점에서 아브라함 언약(cf. 창 17:12)과 연계된다.

이 단락의 결론으로 여호와는 백성들의 거룩을 촉구하신다. 그를 섬기는 것은 다른 주인들로부터 분리되어 하나님께 속하는 것이기 때문이다(출 22:31). 거룩과 분리라는 근본적인 개념 속에는 도덕적, 윤리적 어조가 담겨 있다. 따라서 분리라는 원리는 실천과 행동으로 나타나야 한다. 나중에 다시 살펴보겠지만 이것은 이스라엘 종교의 핵심이다. 한편으로는, 하나의 예로서 제의와 관련 없이 죽은 짐승은 먹어서는 안 된다는 조항이 선언된다. 피를 완전히 말린 후 먹어야 할 뿐 아니라 철저한 제의적 절차를 거친 짐승만을 먹어야 한다는 것은 예배적 차원으로서 언약적 관계를 배경으로 형성된다.

다음 조항은 공의에 관한 내용이다(23:1-9). 거짓 증거 하는 자에 대한 계명과 관련하여(20:16) 언약 백성들은 사회적 압력에 의해 거짓 맹세하거나 무고한 자를 모함해서는 안 된다. 가난한 자를 희생시켜서도 안 되지만 한편으로 그를 편벽되이 두둔해서도 안 된다. 다시 말하면 공의를 시행해야 한다는 것이다.

이것은 설사 원수로부터 유익을 취할 수 있는 경우라도 마찬가지이다. 원수가 잃어버린 소나 나귀를 찾으면 돌려주어야 하며, 무거운 짐을 싣고 엎드러지면 일으켜 세우고 도와주어야 한다(23:4-5). 가난한 자나 무고한 자 또는 나그네는 모두 법의 보호를 받아야 한다. 이것은 공의가 잘못 시행되지 않아야 함을 말하는 것으로, 이러한 성향과 함께 뇌물이나 편견도 버려야 한다. 악인을 의롭다 하지 아니하시는 하나님 자신이 좋은 모델이다(7절). 그 이유(특히 나그네와 관련하여)는 명백하다. 이스라엘 백성들 역시 애굽 땅에서 나그네 되었으며, 따라서 그들은 어떻게 나그네를 공의로 대할지 알아야 한다(9절).

이와 같은 공의의 원리와 함께 특별히 가난한 자나 나그네와 관련하여, 부당한 대우를 받는 사람들과 관련된 교훈이 제시된다. 하나님 자신은 자기 백성들을 땅으로 축복하셨다. 이 땅은 땅이 없는 자들과 함께 나누어야 한다. 그러므로 제 칠년은 안식년이 되어 땅을 묵히고 스스로 자라게 해야 한다(23:11-19). 어떤 의미에서 가난한 자는 안식년을 맞은 땅의 주인으로서 밭과 포도원을 임의로 추수하고, 남는 것이 있으면 들짐승에게 주어야 한다. 따라서 하나님 자신의 사랑하는 마음으로부터 기인된 이러한 은혜는 들짐승에 대한 축복으로 이어진다.

이와 같이 땅을 쉬게 하는 안식년의 축복은 안식일과 연결된다. 이 날은 사람과 짐승에게 쉬라고 요구하며(23:12), 이것은 십계명에 언급된 내용에 대한 강조이다(20:8-11). 지금까지 언급한 모든 내용(출 21:2-23:12)에 대한 요약으로서 여호와는 그의 유일성과 배타성에 초점을 맞춘 절대적 신앙을 요구하신다(23:13).

(3) 언약적 순례와 공물

앞에서 언급한 대로 언약의 책에 언급된 조항들의 단락은 출애굽기 23:13의 요약으로 끝을 맺는다. 다음 단락(23:14-17)은 봉신인 이스라엘 백성들이 군주인 여호와께서 지정하신 시간에 나아와 공물을 드리는 약정에 관한 내용이다. 첫 번째 내용은 보리 추수 때에 무교병(*maṣṣôt*)을 드리는 것이다. 이러한 농작물 절기는 물론 출애굽과 유월절의 역사적 사건과 연결된다(cf. 12:15-20). 그러므로 이 절기는 구속이나 희생을 위해 남자나 짐승의 첫 것을 드리는 제도와 연관된다(34:18-20). 애굽과 죽음으로부터 장자를 구원 받은 이스라엘이 매년 절기에 공물로서 자신의 첫 것을 산 제물로 여호와께 드리는 것은 당연한 일이다.

여호와께 보이는 두 번째 순례(출 23:16a)는 오십일이 지난 후에 시행된다. 이 추수절기(*qaṣîr*[초실절] 또는 *šᵉbūôt*[칠칠절])는 유월절로부터 오십일이 지난 후(즉 오순절) 보리 추수를 감사하는 것이다(34:22). 이 절기의 목적은 여호와께서 모든 생명과 풍작의 원천이심을 인식하는 것으로 처음 추수한 보리를 드리며, 은혜로 풍작을 이루게 하신 군주에게 모든 삶의 지휘권을 맡기는 것이다.

세 번째로 여호와 앞에 나아가는 때(출 23:16b)는 종교력으로 칠월, 즉 일반력으로 일월에 시행된다. 본문에 언급된 "수장절"(Feast of Ingathering [*asîp*]) 또는 "장막절"(Feast of Tabernacles[*sūkkôt*]은 년도 말의 추수와 관련된 내용으로 특히 곡물과 포도 추수와 관련된다(신 16:13). 그 외에도 여호와께서 백성들이 광야에서 사십년간 방황할 때에 기적적으로 살려주신 것을 기념한다(cf. 레 23:39-44).

이스라엘 남자들은 고대근동의 봉신들에게 요구된 것보다 더 자주, 즉 매년 세 번씩 하나님의 거하시는 곳에 나타남으로 언약적 헌신을 표현하였다. 물론 가나안 정복 이전 시대에는 여러 곳에 성막이 세워져 있었다. 후에는 길갈, 세겜, 실로에 이어 결국 예루살렘에 세워지게 되었다. 이러한 행동으로 백성들은 제일 좋은 산물과 장자를 드렸을 뿐만 아니라, 여호와를 섬기는 백성으로서의 역할을 이해하고 헌신을 다짐하게 되었던 것이다.

예상하는 대로 이러한 헌신의 행동조차 규정된 조약을 따라야 했다. 동물 희생은 누룩 있는 떡(타락을 상징)과 함께 드려서는 안 되며 절기 당일 날 다 소화해야 했다(cf. 출 12:10). 밭작물 가운데 가장 좋은 것으로 드려야 하며, 염소 새끼는 어미의 젖으로 삶아서는 안 된다(23:19). 본문은 내용적 연결이 분명하지 않으나, 사실상 순례와 절기에 관련된 단락의 결론으로 제시되기에 가장 적절한 내용이다. 그 이유는 이스라엘이 곧 거하게 될 가나안 백성들의 가증스러운 행동과의 대조를 통해(cf. 신 14:21)[67] 여호와의 거룩한 백성이 된다는 의미의 본질을 제시하기 때문이다. 하나님의 백성들의 제의(ritual)는 다른 민족들의 제의와 구별되어야 하며, 그렇게 함으로써 제의의 아름다움과 진실이 보다 드러날 수 있다.

### 7) 여행을 위한 교훈

언약에 관한 본문에 이어 여호와께서는 자기 백성들에 대한 헌신을 보장한다.[68] 그는 그들을 애굽에서 구원하셔서 겨우 광야 생활을 잊게 하려고 언약을 맺은 것이 아니다. 그는 그들에게 땅을 주시겠다고 약속하였으며, 이제 그들이 그 땅에 들어가는 과정과 그곳에서 만날 환경에 대해 말하고 있는 것이다(출 23:20-33).

---

[67] U. Cassuto, *The Goddess Anath* (Jerusalem: Magnes, 1971), pp. 50-51.
[68] 이러한 헌신은 봉신조약의 전형적인 예에 해당한다. F. Charles Fensham, "Clauses of Protection in Hittite Vassal-Treaties and the Old Testament," *Vetus Testamentum* 13 (1963): 141.

가나안으로 가는 길은 여호와의 사자가 인도하실 것이다.[69] 이는 떨기나무에서 모세에게 나타나신 여호와 자신과 동일한 사자이다(출 3:2). 그는 오래 전에 아브라함에게 나타나셨으며(창 18장), 이스라엘 백성들을 애굽에서 구원하여 구름기둥과 불기둥으로 시내산으로 인도하신 분이시다(출 4:19; cf. 13:21-22). 더욱이 그는 하나님께서 그의 이름을 두시는 분이시다(23:21b; cf. 3:14; 6:3). 만일 이스라엘이 이 신적 사자를 순종하면 그가 그들을 대신하여 이 거룩한 전쟁을 싸우실 것이므로 모든 대적을 물리치실 것이다(23:22-23).

거룩한 전쟁의 결과는 모든 이방인의 덫과 이교적 우상숭배를 타파하고 여호와에 대한 전적 신앙으로 귀결된다(출 23:24). 이것은 번영과 건강, 장수 및 그 땅으로부터 모든 대적들에 대한 영원한 추방으로 이어질 것이다. 결국 조상들에게 땅을 주시겠다는 약속의 성취는 실현이 될 것이며 이스라엘은 아카바만으로부터 지중해, 그리고 네게브로부터 유브라데 강에 이르기까지 영역을 넓히게 될 것이다(31절). 언약의 위반(즉, 다른 신에 대한 복종)은 물론 거룩한 전쟁을 통해 얻을 수 있는 유익을 위협하며, 그들의 주권자인 여호와의 진노와 처벌을 가져올 것이다(32-33절).

### 8) 언약에 대한 기념

언약의 이행사항에 대한 전반적 내용(출 20:1-17)과 구체적 내용(20:22-23:19)을 살펴보았으므로 여호와는 언약을 제정하는 정상적인 절차에 따라 비준과 축하를 위한 기념식에 의해 이스라엘과 만나게 된다(24:1-18).[70]

모든 백성을 대표하여 모세와 아론과 아론의 두 아들, 그리고 칠십인의 장로들이 이 거룩한 현장에 참여하였으나 모세만이 산에서 하나님을 만날 수 있었다(출 24:1-2). 그 전에 모세는 이스라엘 백성들에게 모든 말씀(*debārîm*, 십

---

69) "여호와의 사자"에 관한 교리에 대해서는 Vos, pp. 122-23을 참조하라.
70) E. W. Nicholson, "The Covenant Ritual in Exodus 24, 3-8," *Vetus Testamentum* 32 (1982): 83-84.

계명 또는 일반적 조항)과 율례(*mišpāṭîm*, 언약의 책 또는 특별 조항)를 고하였으며, 백성들은 처음에 여호와와 언약을 맺을 때처럼(cf. 19:8) 언약의 조건을 받아들이고 그것을 지키겠다고 맹세하였다(24:3).

이러한 맹세와 함께 모세는 여호와의 임재를 상징하는 제단과 열두 지파 대로 열두 기둥을 세웠다. 그는 이어서 번제와 화목제를 드림으로 언약적 결속의 증거를 삼고, 제단과 기둥에 피를 뿌림으로 언약 당사자들의 결속을 더욱 드라마틱하게 하였다. 그는 다시 한번 언약 문서의 내용을 읽고 백성들도 다시 한번 그들의 충성을 확인하였다(출 24:7). 이것이 끝나자 모세는 아론과 나답과 아비후, 그리고 칠십 인의 장로들과 함께 산으로 올라갔으며, 여호와께서 보좌에 앉아 계신 놀라운 장면을 목도하게 된다. 이어서 그곳에서 여호와께서는 언약에 대한 백성들의 응답을 은혜로 받아주신다. 이것은 하나님께서 그들에게 손을 대지 않으시고, 그들이 그의 임재 앞에서 음식으로 언약을 기념한 데서 알 수 있다(11절).

다시 한번 모세는 *tôrāh*(십계명)와 *miṣwāh*(언약의 책)을 담은 돌판을 받아 이스라엘에 영구히 보관하기 위해 영광의 임재 앞으로 올라간다(cf. 출 24:1-2). 그는 그곳에서 여호와의 영광에 둘러싸여 육일 동안 머무르며, 마침내 제 칠일에 여호와께서는 눈부신 영광 가운데 침묵을 깨고 모세를 부르신다. 이어서 사십일 사십야 동안 언약에 담긴 제의적 함축, 특히 성막과 제사장 제도에 대해 자세히 설명하셨다.

### 9) 거룩한 자에 대한 접근

봉신의 입장에서 볼 때 언약 관계의 성립은 정기적으로 군주에게 나아와 자신이 맡은 책임에 대해 보고할 수 있는 수단을 필요로 한다. 이 경우 일반적으로 사람들 간의 정상적인 역사적 관계에서는 일종의 중재가 필요하며, 경우에 따라서는 엄격한 조약이 적용되기도 한다.[71] 그렇다면 이스라엘과 같이 죄 많은 백성들이, 더구나 자신의 잘못에 대해 초월하시고 거룩하신 하나님께 끊임없이 설명하고 교제해야 해야 하는 그들로서는 얼마나 이러한 제도가 필요하겠는가?

### (1) 회합 장소

여호와께서는 이미 지리적 임재를 통해 그들에게 나타내 보이심으로 그들과 만나실 것임을 약속하셨다(출 23:17). 이제 산에서 여호와는 모세에게 그들이 만날 장소의 식양(25-27장; 30-31장)과 거룩하신 자와 그의 백성들 사이에 중재자의 역할을 감당해야 할 제사장 제도에 대해 자세히 보여주셨다(28-29장).

성소의 모든 부분과 기구는 여호와의 인격과 목적을 반영해야 하므로 모세나 이스라엘 자신의 생각대로 만들어서는 안 된다. 그러므로 여호와 자신이 계시하신 식양과 내용에 따라 만들어야 하며(출 25:9), 지상의 구조는 하늘의 원형을 모델로 해야 한다(cf. 대상 28:12, 19; 행 7:44; 히 8:2, 5).

지성소에 유일하게 놓일 언약궤(출 25:10-22)는 언약 문서의 보관을 위한 장소일 뿐 아니라(9, 21절), 여호와께서 백성들 가운데 보이지 않게 좌정하시는 보좌이다(22절). 그러므로 성막은 군주의 왕궁이며, 지성소는 그의 거처이다.

성소에는 진설병을 담은 상(출 25:23-30)과 여섯 개의 가지가 나있는 등대(31-40절)를 비치해야 한다. 전자는 매일의 필요를 채워주시는 여호와의 은혜에 대한 공물로서 정기적으로 드리는 무교병을 담아두기 위한 용도로 사용되며, 후자는 그의 계시와 인도하심의 빛을 나타낸다(cf. 27:20-21). 성막은 앙장(26:1-14), 널판(15-25절), 띠(26-30절), 장(31-35절), 문장(36-37절)으로 되어 있으며, 하나님이 계시하신 식양에 따라 세워져야 한다(30절). 이것의 재료나 치수는 상징적, 신학적 교훈을 위한 보다 고상한 목적에 사용되기 때문이다.

---

71) 예를 들어, 히타이트 조약의 경우 O. R. Gurney, *The Hittites* (Baltimore: Penguin, 1964), pp. 74-75를 참조하라.

성막과 함께 바깥뜰을 만들고(27:9-19), 그 안에 놋으로 만든 단을 세웠으며(27:1-8), 그 위에서 이스라엘을 위한 속죄제와 화목제를 여호와께 드렸다(cf. 29:38-46). 이것의 언약적 기능은 곧 제시된다.

(2) 제사장 제도

회합 장소에 대해 언급하신 후 여호와께서는 중재와 관련하여 제사장 제도에 대해 설명하신다. 성경이나 다른 문헌에서 보더라도 거룩한 자에 대한 접근은 항상 일종의 중재적 사역이 포함된다. 이러한 현상은 어떤 종류의 "고등 종교"에도 내포되어 있으며, 이러한 중재가 없다면 감히 말로 형언할 수도 없는 신과 유한한 인간 사이의 거리를 좁힐 수 없을 것이다.

물론 고대에는 여호와께서 피조물과 직접 만났으며, 피조물은 말과 행동으로 그와 의사소통을 하였다. 시간이 흘러 족장적 가계 및 혈통의 부상으로 가장이 가정과 하나님 사이의 사역자로서 이러한 제사장의 역할을 수행하였다. 결국 시내산 언약 직전까지 일종의 제사장 반열이 있었다. 출애굽기 19:22은 이 점을 분명히 보여준다. 이 사역의 기원이 무엇이며 어떠한 역할을 하였는지에 대해서는 분명히 알 수 없으나, 이것이 이스라엘의 족장이 고센 땅에서 수천으로 불어나는 것과 때를 같이 하였다는 것은 분명하다. 자기 백성들을 해방시켜 광야에서 자유롭게 절기를 지키며 예배하기를 원하셨던 하나님은 일종의 제사장 직무가 요구되는 제의에 관해 언급하신다(cf. 3:18; 5:1, 3, 8; 7:16; 8:25-29).

그러나 이스라엘 백성들이 하나님과의 언약을 통해 하나의 공동체가 되는 시점에서 하나의 중요한 전환점을 맞게 된 것이다. 사적이고 가족적인 예배는 더 이상 새로운 관계에서 신학적 의미를 부여할 수 없게 되었다. 하나로 결속된 백성들은 한 민족으로서 언약의 주께 접근할 수단이 필요하게 되었으며, 이러한 수단의 공간적 초점은 성막을 통해 제시되었으나, 하나님 앞에 결속된 모습으로 서야 하는 공동체의 변화된 인물에 적절한 중재가 필요하게 되었다.

아마도 모세의 형이었다는 이유만으로 이미 언약의 중보자 역을 맡았던 아론과 그의 아들들이 제사장 직무를 수행할 자로 선택되었다(출 28:1). 그들은 이미 다른 장로 칠십 인과 함께 모세와 동행하여 여호와의 언약식 현장에도 함께 있었으므로(24:1, 9) 이 직무에 대한 예비적 경험을 했다고 할 수 있다. 이 만남 자체는 제사장의 직무가 하나님 앞에서 백성을 대표하는 것임을 보여준다.

놀랍게도 아론과 그의 아들을 택한 후 첫 번째 요구 사항은 그들이 사역할 때 입을 적절한 의복의 제조에 관한 내용이라는 사실이다. 이 의복의 각 부분은 의미가 있다. 가장 먼저 제시되는 에봇(출 28:6-14)은 성막의 앙장과 동일한 재료로 만든다(26:1). 이 앞치마 같은 의복의 주요 목적은 이스라엘 열두 지파의 이름을 여섯 개씩 새긴 두 보석을 두 견대에 달기 위함이다. 이 모든 의미는 분명하다. 그것은 대제사장이 여호와 앞에서 모든 지파를 짊어짐으로 그가 그들을 "기억하게"[기념하게] 해야 한다는 것이다(28:12).

흉패는 에봇의 정면에 부착시키고(출 28:15-30) 열두 보석을 세 개씩 줄에 매단다. 각각의 보석에는 지파명을 새기고, 또한 흉패는 가슴에 부착하는 것이므로(29절) 제사장이 각 지파를 위해 여호와 앞에 나아갈 때에 자비로운 중재를 뜻한다. 이러한 중보자적 역할의 중요성은 하나님의 뜻을 백성들에게 전달하는 것이며, 특히 공식적인 선지자가 등장하기 전에는 더욱 그러하였다. 이와 같이 흉패 안에는 우림과 둠밈을 담았다. 이것은 제사장의 질문에 대한 여호와의 응답을 예와 아니오의 방식으로 구별하기 위한 수단이었다.

제사장이 입는 또 하나의 옷은 청색 겉옷으로, 앞을 트지 않은 통옷이다(출 28:31-35). 이 옷은 그가 성소에서 사역할 때 입었다. 마찬가지로 관에는 "여호와께 성결"이라는 글자가 새긴 금패를 달았다(36절). 이것은 하나님의 백성들이 제물을 드릴 때 거룩해야 함을 상징한다. 백성을 대표하는 아론은 "거룩한 자"로서 자신을 성결케 함으로 민족 전체가 하나님 앞에 흠 없이 설 수 있었다.

끝으로 고의(linen undergarments)에 관해 언급된다. 이 속옷의 목적은 제사장의 하체를 가림으로 정숙함을 드러내기 위함이다(출 28:42-43). 이것은 타락과 관련된 벌거벗음의 수치를 상기시키며, 종종 벗은 채로 직무를 수행하는 이교 제사장들의 행위와 극명한 대조를 보여준다. 사실, 모든 이스라엘 제사장들의 의복은 하나님의 두 가지 속성, 즉 영광과 아름다움을 반영한다(29:2, 40). 그렇다면 이들은 그가 멀리 계시다는 사실과 함께 가까이 다가갈 수 있음을 동시에 보여준다고 할 수 있을 것이다.

이어지는 성결의식(출 29:1-37)은 앞에서 언급한 거룩한 의복의 준비를 요구한다. 먼저 짐승과 곡식을 취하여 드리고, 제사장이 될 사람들을 물로 씻겨 제사장의 의복을 입힌 후 관유를 붓는다. 이어서 아론과 그의 아들들이 안수한 송아지를 잡고 그들의 죄를 무고한 짐승에게 전가시킨다(14절). 이어서 수양하나를 취하여 단 위에서 "불사름"으로 여호와께 번제로 드린다(15-18절). 이러한 제사 행위에는 언약 조약과 관련된 의미가 담겨 있다. 두 번째 양은 잡아 피를 제사장의 귓부리와 엄지손가락과 엄지발가락에 바른다. 이러한 행위의 목적은 여호와를 섬기는 일을 성별시킴으로 제사장들로 하여금 하나님의 뜻을 듣고 행하며 주어진 소명을 충실하게 이행하게 하려는 것임이 분명하다. 이어지는 내용은 희생 짐승의 선택된 부분을 여호와 앞에 드리는 것으로 아론과 그의 아들들이 그들에게 할당된 부분을 불사르는 내용이다. 이러한 화목제는 여호와와 제사장 반열 사이에 세워진 언약적 지위를 반영하며, 일종의 언약 속의 언약에 해당한다. 이스라엘에게는 하나님의 특별한 백성이 되는 특권이 부여되었으며, 아론과 그의 자식들에게는 이 백성과 그들의 주이신 여호와 사이의 특별한 중보적 도구가 되는 특권이 부여되었다. 이러한 조약의 현장에는 언제나 언약을 기념하는 음식을 나누는 장면이 언급된다(cf. 24:11; 32:6). 이것은 여호와와 제사장들에 의해 성결케 된 양을 함께 나누는 행위가 어떠한 의미를 함축하는지를 정확히 보여준다.

(3) 공물

제사장의 성결은 합당한 제사를 위한 것으로서, 제사가 차지하는 역할과 자연스럽게 연결된다. 이 주제는 레위기 전체에서 다룬다. 그러나 출애굽기 29:28-46에서는 먼저 제사장과 성막의 관계를 다룬다. 군주이신 여호와께서는 이동식 회막에서 특별하고 독특한 방식으로 자기 백성들과 만나시겠다고 말씀하신다. 더구나 그는 제사장들의 중보적 사역을 통해 그렇게 하실 것이다. 이제 백성들이 하나님께 나아갈 수 있게 해 주는 가시적 수단에 대해 밝혀야 한다.

근본적으로 하나님께 나아가 그 앞에 서는 것은 종교적 제의의 본질 또는 목적이다. 즉 예배자는 감히 빈손으로 신 앞에 나올 수 없다. 그 이유는 다양한 종류의 제물을 통해 예배할 수 있는 권리를 제시하고 일련의 헌신적 태도를 통해 이러한 지위에 대한 인식을 보여주어야 하기 때문이다. 언약적 의미에서(이것이 모든 이스라엘 백성과 하나님의 관계를 지배한다) 제사는 공물과 동의어이며 이것이 본문의 핵심적 내용이다.

매일 두 차례 양으로 드리는 번제는 회막문에서 시행되었다. 이곳은 여호와께서 "내가 그곳에서 너희와 만나고 네게 말하리라"(출 29:42)고 하신 곳이다. 여호와께서는 회막을 통하여 백성들과 함께 거하시고 그의 주권을 나타내실 것이다(45절). 이 모든 것은 출애굽의 구속적 행위에 역사적으로 예시되어 있다. 여호와께서는 그들과 함께 거하시고 그들의 왕이 되시기 위해 그들을 애굽에서 구원하셨다(46절). 여호와의 주되심과 그들과 함께 계심에 대한 인식은 그의 백성 이스라엘이 그에게 드리는 제사를 통해 표현될 것이다.

회막에서의 제사와 정기적 제사 직무의 수행에서 제사장의 역할에 대한 요구는 모두 합당한 제사에 필요한 제사장과 백성들의 거룩을 위한 것이다. 언약에 대한 신앙은 제사장의 중재에 의해 공동으로 표현되며, 그럼에도 불구하고 백성들은 개인적으로 인격적 교제를 통해 그를 만났으므로 속죄와 기도를 위한 장치가 필요했다.

지성소를 막고 있는 휘장 전면에는 분향단이 있으며, 이 곳에서 언약 백성들이 그의 영광의 보좌에 올려 드리는 기도의 아름다움을 상징하는 향을 태웠다(출 30:1-9; cf. 계 5:8; 8:3). 이것은 분명히 소유물에 의한 제사 외에도 기도의 제사가 있었음을 보여준다.

매년 속죄에는 백성들과 함께 이 단의 성결이 포함된다(출 30:10). 모든 성인은 참된 속죄의 본질을 위해 매년 반 세겔의 공물을 생명의 속전으로 드림으로 회막의 봉사에 충당하였다(11-16절). 특히 모세는 향품과 기름으로 관유를 조제하여 아론과 그의 아들들은 물론 모든 기물에도 발랐다. 이것은 대대로 지켜야 한다. 관유는 여호와를 위한 거룩한 용도로만 사용된다는 목적이 거듭 제시된다(29, 32절). 이것은 정금 향 제단을 위한 향과 함께 이스라엘 하나님의 거룩함을 드러내므로 엄격하고 독특한 방식으로 만들어야 한다(32, 38절).

이스라엘이 군주이신 여호와께 다가가는 것은 다양한 의미가 있다. 백성들은 불과 구름 속에서 그의 영광을 보고, 천둥과 지진 가운데 그의 음성을 들었으며, 향내를 통해 그의 부드러움을 맡았다. 하나님은 감각적으로 감지할 수 없으나 감각적 인간이 경험할 수 있도록 은유적 방식으로 자신을 계시하신다.

거룩한 자에 대한 접근은 출애굽기 31장에 요약된다. 그것을 위한 모든 외형적 도구, 즉 성막과 기물들이 제시되며(7-11절), 이 일을 위해 특별히 선택되어 하나님의 신을 부음 받은 자들이 구별된다(1-6절). 전체 본문은 여호와께서 모세에게 언약을 확인함으로 끝맺는다. 이 언약의 핵심은 돌판에 담겨 있다(18절). 이 돌판이 하나님의 신실하심을 증거 한다면 이스라엘은 당연히 시내산 언약에 충실해야 하며 안식일을 철저히 지켜야 한다(12-17절). 역사와 약속을 통해 드러나는 하나님의 구속 사역의 확실성은 그의 전능하신 창조 사역에 달려 있다고 할 수 있다. 창조사역의 완성을 제 칠일에 기념한 것은 여호와께서 이스라엘을 구속과 언약을 통해 자기 백성으로 삼으신 새로운 창조를 기념하는 의미로 해석할 수 있다.

### 10) 언약의 위반과 갱신

모세가 산에서 내려와 다른 사람들과 함께 하나님의 임재를 경험하였던 놀라운 비밀을 나누기도 전에, 이스라엘 백성들은 이러한 교제의 가능성을 무효화 할 수 있는 태도와 행동을 취하고 있었다. 자신의 주권적 능력으로 그들과 언약을 맺은 창조주는 동일한 백성들이 만든 신으로 대치되었다. 금송아지는 여호와를 대신하든, 혹은 그가 서 있는 단순한 축대에 불과하든, 그것이 중요한 것은 아니었다. 요점은 첫 번째 두 계명이 심각하고도 공개적으로 침해당했으며 이러한 위반으로 언약의 기초가 흔들리게 되었다는 점이다.

아론과 백성들의 범죄가 언약을 부정하는 행위에 해당한다는 사실은 송아지를 만든 기사에 분명히 드러난다. 이 송아지는 "너희를 애굽 땅에서 인도하여 낸 너희 신"(출 32:4)으로 불린다. 이것은 여호와께서 이스라엘의 하나님이 되시는 이유를 설명하신 시내산 언약의 역사적 서문 내용(20:2)과 동일하다. 더구나 아론은 언약의 비준과 기념을 위해 단을 쌓았다(5절). 이것은 정확히 모세가 백성들의 언약적 헌신을 위해 취했던 행동이다(24:4). 아론의 절일 공포 및 이튿날의 축하 행위(32:5-6) 역시 이전에 모세의 주도 하에 언약 체결을 기념하던 장면(24:11)과 흡사하다.

이스라엘의 언약에 대한 거절과 함께 여호와의 반응이 임하였다. 즉, 하나님도 약속을 파기하고 모세를 중심한 새로운 민족과 함께 시작하실 것이라는 것이었다(출 32:10). 그러나 모세는 여호와께 족장들에게 약속하신 언약의 무조건적 본질을 상기시켰다(13절). 여호와께서 그들에게 하신 말씀을 거두시는 것은 그의 위엄을 손상하는 것이며, 그가 신보다 못하다는 것을 드러내는 것이기 때문이었다.

이와 같이 족장들과의 언약은 여전히 보존되었으나 이스라엘을 후손으로 본 것이나 특히, 그들을 통해 모든 민족이 복을 받을 것이라는 표현은 심각한 위협을 받게 된다. 모세는 그들의 언약적 불충이 얼마나 가증스러운 것인지 보여주기 위해 언약의 기본적 조항을 담고 있는 돌판을 깨뜨려 버린다. 이것은 여호와와 그의 백성들 간의 맺어졌던 결속을 가시적으로 박탈하는 행위였다. 그는 이어서 금송아지를 부수었다. 그러나 이러한 분노는 그것으로 인해 새롭게 형성된 불법적인 언약적 관계가 깨어지고 무효화되었다는 사실에 비하면 지나친 것이 아니었다.

하나님의 언약적 신실하심은 훼손되지 않았다는 사실은 모세를 불러 조상들에게 약속하신 땅으로 가게 하신 것을 보아 알 수 있다(33:1-3). 그러나 이스라엘 자신이 여호와의 변함없는 신실하심을 인식하고, 회개하고 돌아와 언약을 재확인하지 않는다면 약속은 결코 성취될 수 없을 것이다. 이와 같이 무조건적 언약으로서 족장들에 대한 언약과 조건적 언약으로서 시내산 언약 사이의 긴장은 다시 제시된다. 이스라엘 민족은 변할 수 없는 약속에 근거하여 하나님과의 언약적 관계를 유지하고 있으나, 언약의 축복에 대한 경험은 이스라엘이 얼마나 믿음과 순종으로 반응하는지에 달려 있다.

백성들은 이러한 언약적 위반 행위에 대해 회개했으나(출 33:4-5) 모세는 여호와와 이스라엘 사이의 모든 일이 잘 되었다는 표적이나 증거를 구하였다(12-16절). 이에 따라 여호와께서는 모세에게 자신을 계시하실 것을 약속하시고 그에게 영광을 보이셨다(17-23절).

시내산에서 언약을 체결할 당시 언약의 중보자인 모세와 여호와 사이에는 이와 동일한 신현적(theophanic) 만남이 있었다(19:9-25). 하나님은 천둥과 번개, 짙은 구름 가운데 오셔서 백성들에게 죽음을 당하지 않도록 이 엄청난 영광의 장면을 보지 못하도록 하셨다(21절). 모세와 아론과 아론의 아들들, 그리고 칠십 명의 장로들은 함께 올라갔으나(24절; cf. 24:1) 모세만이 여호와께서 임재하신 곳으로 다가갈 수 있었다(24:2, 15-18). 그곳에서 영광의 구름과 불 가운데 계신 여호와께서 모세에게 그의 언약을 선포하셨다.

이스라엘의 배도에 이어지는 이와 같은 영광의 임재 후에 언약에 대한 내용이 다시 한번 주어진다(출 34:1-9). 모세는 두 돌판을 다시 준비해야 했다. 그는 혼자 시내산 정상으로 올라가 용서에 대한 약속과 함께 새로운 관계에 대한 약속을 받아낸다. 이스라엘의 불충에도 불구하고 언약의 유지를 보장한 것은 여호와의 자비($hesed$)와 신실하심이었다(6-7절).

갱신된 언약은 원래의 언약적 의무와 동일한 반응을 요구한다. 또한 이 언약은 자연과 역사에서 그의 놀라운 이적을 통해 이스라엘과 모든 민족에게 주권을 나타내시겠다는 여호와의 동일한 약속에 기초한다(출 34:10). 이것은 특별히 가나안 정복에 관한 언급에서 분명히 제시되며, 이를 통해 언약 백성으로서 이스라엘의 역할이 드러날 것이다.

온 땅의 주인이시자 그것을 쪼개어 각 나라별로 나누어주신 여호와께서는 가나안 거민을 몰아내시고 그곳에 자신의 무대를 세우실 것이다. 그러므로 이스라엘은 이들 나라나 그들의 신과 언약을 세우지 말아야 한다. 이것은 자신의 유일성을 선포하신 여호와의 목적과 그가 구속하신 백성들을 위한 언약의 유일성과 배치된다(출 34:10b, 14-16). 그렇다면 이것은 가나안의 신들을 완전히 부정하고(14절), 그들이 드리는 제의의 외형적 구조를 이 땅에서 완전히 진멸해야 함을 의미한다(13, 17절).

출애굽기 34:10-17은 첫 번째 두 계명을 담고 있다. 즉 다른 신들에 대한 예배와 그들의 형상(하나님의 형상도 포함하여)을 만드는 것을 금한다. 이것이 필요한 이유는 아론의 주도 하에 이스라엘이 배도한 두 가지 내용과 관련되기 때문이다. 금송아지는 그들의 구원자로서 여호와의 유일성을 부인한 행위인 동시에 창조주 하나님을 인간의 손으로 피조된 것으로 대치할 수 없다는 반우상적 원리를 침해한 것이다.

언약의 규례에 관한 상기(출 34:18-26)는 분명히 첫 번째 두 계명의 가장 중요한 원리와 연결된다. 여호와를 군주로 인정하는 것은 정해진 시간과 장소에서의 적절한 반응의 행위가 수반되어야 한다. 따라서 관심의 초점은 절기와 성일이다. 봉신인 이스라엘은 이러한 절기나 성일을 통해 누구와도 비할 수 없는 주권자를 경외한다.

첫 번째 절기인 무교절(유월절)은 아무런 소망도 없는 비참한 상태로부터 이스라엘을 구원하신 여호와의 구속적 행위에 초점을 맞춘다(출 34:18-20). 이것은 온 이스라엘의 장자를 제물이나 속전으로 바칠 것을 요구한다.

두 번째 내용은 안식일에 대한 언급이다. 본문에는 모티브가 되는 구절이 별도로 주어지지 않지만, 밭을 갈고 추수하는 일이 일상이 된 가나안의 농사와 관련된 내용이 제시된다(출 34:21). 즉, 이와 같이 바쁜 때일지라도 여호와를 경배하기 위해 안식일은 반드시 지켜야 한다는 것이다.

세 번째와 네 번째 절기는 초실절과 수장절이다. 이 때에는 이스라엘 하나님 여호와 앞으로 나와야 한다(출 34:22-24). 그 목적은 다시 한번 제시된다. 즉, 이스라엘을 자기 백성으로 택하시고 전능하신 힘으로 그들을 구원하신 하나님은 그들로부터 그의 위엄에 걸맞은 공물을 받으셔야 한다는 것이다. 이와 같이 그들을 결속하는 언약은 감각적으로 표현된다.

공물의 내용은 자세히 나오지 않지만 그것의 의미가 제시된다(출 34:25-26). 본문은 긍정적인 면에서 언약 당사자로서 이스라엘의 고유한 제의의 일부에 대한 적절한 설명이지만(25-26a절), 부정적으로는 가나안의 이교도적 풍습을 버려야 한다는 것이다(26b절). 하나님을 섬기는 유일한 백성으로서 이스라엘은 이러한 특별한 관계를 강조하는 제의를 엄격히 고수해야 한다.

십계명을 다시 받은 모세는 시내산을 내려와 백성들과 함께 신적 교통을 나누었다(출 34:27-28). 하나님과의 이전 만남(24:17)에서와 같이 모세의 얼굴에 비친 하나님의 영광의 빛의 후광이 너무 강렬하여 백성들 앞에서는 수건을 가려야 했다. 이러한 현상의 외형적 본질은 신비에 속하나 신학적 의미는 분명하다. 언약의 중보자로서 모세는 그만큼 하나님의 인정을 받고 있다는 것이다. 모세와 엘리야가 변모하신 예수님과 함께 있었던 것도 이 때문이다(눅 9:31-32).

## 11) 성막의 건축

언약의 갱신으로 회막이 세워졌으며, 성막에 관한 자세한 내용은 이미 계시되었다(출 25:1-26:21; 30:1-38). 백성들에게 가장 중요하게 요구된 것은 이 일에 동참하려는 자발적이고 지혜로운 마음이었다(35:5, 10, 21, 22, 25, 29; 36:1). 이들은 성령이 충만한 지도자 브살렐과 오홀리압과 함께 희생과 수고를 다하였다. 그들은 주권자가 백성들 가운데 왕권을 행사하실 수 있는 거주지를 세웠던 것이다.

사역자들은 모든 면에 순종하였으며 지칠 줄 모르는 부지런함과 하나님을 경외하는 마음으로 작업했다. 따라서 내레이터는 그들이 "여호와께서 명하신 대로" 모든 역사를 필했다고 했으며, 그것을 본 모세는 "여호와께서 명하신 대로 되었다"고 했던 것이다(39:42-43).

완성된 부분들을 모아서 성막이 완공되자 여호와께서는 "들어 오셨으며" 이 땅에서 거주지를 차지하셨다. 이것은 구름이 덮여 성막의 모든 구석진 곳 틈새를 채웠다는 표현으로 나타난다(출 40:34). 하늘의 임재는 모세도 들어갈 수 없을 만큼 강렬하였으며, 적어도 이 때만큼은 여호와께서 온전히 함께 하셨던 것으로 보인다. 이어서 성막에 충만한 영광이 구름과 불을 통해 백성들을 약속의 땅으로 인도하였다(36-38절). 여호와는 그들과 함께 당분간 유목민이 되셨다. 그러나 그의 얼굴은 수세기 전에 족장들에게 하신 약속에 따라 영원한 땅을 향하고 있었던 것이다.

# IV
# 레위기의 신학
## -A Theology of Leviticus-
### by Eugene H. Merrill

## 4. 레위기의 신학

지금까지 언약은 봉신인 이스라엘로 하여금 정해진 때에 하나님 앞에 나아올 것에 대해 구체적으로 언급하였으며, 이 만남의 중보자로서 처음에는 모세에게, 그 다음으로는 제사장에게 모든 초점을 맞추었다. 그러나 아직 그들이 드리는 공물의 본질이나 제사장직의 정확한 의미와 역할 및 거룩한 것과 거룩하지 않은 것의 구분, 그리고 군주의 거주지로 향하는 순례의 시간과 장소에 대한 명확한 규명과 같은 내용에 대해서는 보다 상세한 설명이 필요하다. 이것이 레위기서의 목적이다.

언약적 관계의 핵심인 여호와와 그의 백성들과의 교제와 그것을 달성하기 위한 수단에 대해서는 레위기 서두에 제시되어 있다. 본문에는 번제와 관련하여 "그 예물이 소의 번제이면 흠 없는 수컷으로 회막 문에서 여호와 앞에 열납하시도록 드릴지니라"(레 1:3)는 여호와의 말씀이 제시된다. 그러므로 신하는 자신의 복종을 나타낼 수 있는 적절한 표시(증표)를 제시함으로 자신의 거주지에 있는 주권자 앞으로 나아와야 한다.

일반적인 정치적 상황에서 볼 때, 적어도 군주에 대한 무례를 범한 봉신이 화목을 탄원하고 관계 정상화를 위해 적절한 제안을 하는 것은 당연하다. 그렇지 않다 하더라도 정기적으로 그 곳으로 나아가 그의 충성과 우정을 재확인하는 것이 신하된 도리이며, 이러한 재확인은 신하에게 마땅히 부과된 의무 외에도 자발적인 공물을 통해 표현하는 것은 당연하다.

하나님과 이스라엘 백성들 간의 언약이 형식이나 기능면에서 고대 근동의 조약들을 모델로 하였다는 사실은 오경에 언급된 무수하게 많은 제의적 묘사를 보다 분명하게 이해할 수 있게 해 준다. 제사와 제물은 이스라엘로 하여금 자신의 군주이신 여호와에 대한 잘못을 속죄하는 것을 도와주기 위해 제정된 것으로서, 이렇게 세워진, 또는 재확립된 관계의 조화로움이나 평화로움을 반영한다.[72]

번제나 소제(레 1-2장)는 제물을 드리는 자를 왕의 종으로 규명하며, 그는 감히 빈손으로 군주 앞에 나올 수 없다. 속죄제(4-5장)의 경우 종의 불순종으로 인해 붕괴된 관계를 회복하기 위해 드려진다. 그것은 그들이 군주에게 잘못을 범한데 대한 하나의 보상에 해당한다. 화목제(3장)는 신하가 최근의 평화스러운 관계에 대한 감사의 표현으로 드리는 제사이다. 이것은 자발적인 마음에서 우러나와 드리는 것으로 의무적인 것이 아니며, 하나님의 선하심에 대한 감사와 찬양으로 가득한 마음에서 드리는 것이다.

제물을 드릴 때 제사장의 중보적 역할 역시 매우 중요하다. 그 역시 일개 신하로서 백성을 대신하는 자신의 사역에 있어서 적절한 조약의 요구를 따라야 한다. 따라서 그는 앞에서 제시한 대로 백성들을 위한 다양한 제사와 관련된 제의를 수행할 뿐 아니라(레 6-7장), 여호와의 특별한 종으로서 자기 자신을 위해서도 일정한 공물을 드려야 한다(7:28-30).

특별한 종으로서 제사장은 지명되어 성결케 되며(8장), 제의적 중보를 위한 합당한 방식에 대해 가르침을 받아야 하며(9:1-10:7), 이러한 특권적 직분과 사역에는 특별한 고귀함과 행위의 규범이 요구된다는 사실을 이해해

---

[72] Gordon J. Wenham, *The Book of Leviticus*, The New International Commentary on the Old Testament (Grand Rapids: Eerdmans, 1979), pp. 25-26.

야 한다(10:8-15). 다시 말하면 제사장은 거룩한 백성을 대신하여 거룩하신 하나님을 섬기는 거룩한 자이다.

제사장 사역의 본질은 레위기 10:10-11에 제시되어 있다. "너희가 거룩하고 속된 것을 분별하며 부정하고 정한 것을 분별하고 또 여호와가 모세로 명한 모든 규례를 이스라엘 자손에게 가르치리라." 그렇다면 이스라엘은 지상의 모든 민족 가운데 특별히 여호와께 성별된 백성이다. 그들의 삶의 방식과 성품은 모든 민족에게 전파되어야 하며, 정체성과 사명의 의미를 전해야 한다.

이것은 다음과 같은 특정 사항에 관한 복잡한 규제와 법규에 대해 설명해 준다: 제물과 먹을 수 있는 동물(레 11:1-23), 부정한 주검(24-28절), 부정한 짐승에 의한 그릇과 기물의 오염(29-46절), 경도(12:1-8)와 문둥병(13-14장)에 의한 부정, 유출병에 의한 부정(15장). 대부분의 경우 이들은 그 자체에 내재된 부패성 때문에 부정한 것으로 취급받는 것이 아니라, 여호와께서 교육적 차원의 기준점을 제시한 것이라고 할 수 있다. 이스라엘과 같은 민족은 여호와의 선택과 구원 선언에 의해 거룩해 진다. 다른 것들은 신적 숙고와 명령에 의해 거룩해 진다. 즉 그것의 본질 때문이 아니라 오직 하나님의 뜻에 의해 그렇게 된다는 것이다.[73]

거룩한 백성은 선언적으로는 물론 행위로서도 그 상태를 유지해야 한다. 따라서 나라 전체를 정기적으로 정결한 상태로 회복시키는 일은 반드시 필요하다. 이것은 속죄일(the Day of Atonement)을 통한 공동체적 회개와 죄사함이라는 수단으로 가능하다(레 16장). 그러나 언약적 관계의 새로운 정결을 위한 이와 같은 연례적 행사는 민족적, 개인적 행위와 관련된 법체계에서는 매일 시행되어야 한다. 따라서 대부분의 학자들은 레위기 17-26장을 "거룩에 관한 법"(the Holiness Code)이라고 말한다.[74]

---

[73] 정결한 것과 부정한 것의 범주에 관한 완전하고 훌륭한 논의에 관해서는 ibid., pp. 166-71을 참조하라.

거룩이라는 이 위대한 주제에 관한 강조는 "나는 여호와니라"(예를 들어 18:2, 5-6, 21, 30; 19:2-4, 10, 12, 14, 16, 18, 26, 28, 30-31)고 하는 구절 속에 요약되어 있다.75) 인간의 성품이나 행동(특히 본문에서 이스라엘의 경우)이 "거룩하다"는 말을 듣기 위해서는 하나님 자신의 성품과 행동을 반영해야 한다. 그는 거룩의 기준이시며 다른 모든 것은 이 기준에 의해 측정된다. 또한 그는 거룩을 성취함에 있어서 모티브가 됨과 동시에 이러한 동기를 부여하는 분이시다. 근본적으로 하나님은 유일하시며 누구와도 비할 수 없는 분이시기 때문에 거룩하시다. 따라서 그가 불러 섬기게 한 사람들은 그들의 거룩이 몇몇 "영성"을 가진 왕과 같이 원래적인 것이 아니라 오직 하나님의 선택과 부르심을 받아 유일하고 구별된 자로서의 거룩임을 깨달아야 한다. 그러나 이 거룩은 신의 성품을 닮아가는 윤리적 원리와 실천을 통해 삶 속에서 나타나야 한다. "하나님의 형상"이 된다는 것은 바로 이런 의미라고 할 수 있다.

거룩에 대한 요구에는 피에 의한 성결(레 17장), 근친상간(18:1- 18) 및 기타 성적 범죄(18:19-23)에 대한 금지, 십계명(19:1-18) 및 관련 규정(19:19-20:27)에 대한 준수, 사적, 공적 삶에 있어서의 제사장의 합당한 행동(21-22장) 등에 관한 규례가 포함된다.

거룩한 나라로서 이스라엘 백성들 역시 이러한 거룩을 위해서는 하나님 앞에서 정해진 집회 시간인 성일에 대한 엄격한 준수가 필요함을 깨달아야 했다. 여기에는 매주 지키는 안식일(레 23:3), 유월절과 무교절(23:4-8), 초실절(23:9-14), 칠칠절(23:15-22), 나팔절(23: 23-25), 속죄일(23:26-32), 초막절(23:33-44), 안식년(25:1-7), 희년(25:8-55) 등이 있다. 이들 절기의 목

---

74) Martin Noth, *Leviticus: A Commentary* (Philadelphia: Westminster, 1977), pp. 127-28.
75) "거룩에 관한 법"(the Holiness Code) 및 다른 구약성경 속에 나타난 이 구절에 관해서는 Walther Zimmerli, *I Am Yahweh* (Atlanta: John Knox, 1982), 특히 pp. 2-5를 참조하라.

적은 여러 가지이지만 거룩이라는 큰 체계 속에서 볼 때, 하나님의 백성들에게 사람이나 장소 및 행위뿐만 아니라 시간까지도 거룩함을 상기시키는 것이라고 할 수 있다. 확실히 "세속적" 날자와 구분되는 날들이 있으며, 이날에는 하나님을 섬기는 백성들이 자신의 존재와 그들을 부르신 거룩한 목적에 대해 생각해야 한다. 이와 같이 특별한 날과 시기는 영원하신 하나님의 인격과 목적에 접하게 해준다. 주기적 일상을 초월하시는 그는 자기 백성들을 다시 한번 부르시고, 이 땅에서 섬기는 자로서의 사명을 새롭게 하신다.

이것이 거룩과 거룩에 관한 법에 담긴 핵심적인 의미라는 것은 결론적으로 제시되는 본문의 언약적 언어에 의해 분명해 진다.[76] 여호와께서는 시내산 언약의 서문(출 21:1-4)을 상기시키는 언어를 사용하여 자신의 유일성과 배타성에 대해 말씀하시며(레 26:1), 충성을 요구하신다(26:2).

출애굽의 구속적 행위를 통하여 애굽의 속박에서 벗어나게 하신(레 26:13) 주권자에 대한 순종은 이스라엘의 물질적 번영(4-5절)과 군사적 승리(6-8절) 및 하나님의 지속적 임재와 언약의 이행에 대한 보장(9-12절)으로 나타날 것이다. 그러나 불순종은 패배(14-17절)와 땅의 황폐화(18-20절) 및 재앙(21-26절)과 그 땅으로부터의 추방(27-33절)으로 이어질 것이다.

그러나 비록 포로지라 하더라도 그곳에는 소망이 있다. 언약적 축복은 순종 여하에 달려 있지만 언약 자체는 하나님의 무조건적 약속에 근거한 것이기에 전혀 손상되지 않기 때문이다. 이 약속의 시기는 시내산 언약이 제정된 것보다 앞선다.[77] 사실 이 약속의 근거는 국가가 세워지기 수백 년 전, 조상들과 맺은 언약에 근거한다(레 26:42). 회복은 하나님의 백성들의 회개에 대한 반응으로 주어질 것이다. 그러나 이러한 고백의 정신조차 하나님 자신의 은총으로 주어진다(40, 44-45절).

---

76) Wenham, pp. 327-28.
77) Ibid., pp. 31-32.

거룩한 자와의 교제는 하나님의 백성들의 입장에서 성향과 행동의 거룩을 요구한다. 그의 말씀 속에는 이에 관한 구조가 제시된다. 이러한 표준에 부합하는 것은 교제와 은총의 지속을 보장하나 불순종은 냉혹한 심판을 맞게 될 것이다. 그러나 언약적 이행은 본질적으로, 하나님의 목적이 온 세계에 충만하며 그의 백성들은 조만간 그가 택하시고 구속하신 목적을 성취하게 되리라는 것이다.

# V
# 민수기의 신학
### −A Theology of Numbers−
### by Eugene H. Merrill

# 5. 민수기의 신학

수차례 언급한 대로, 조상들과 이스라엘에 대한 언약의 중요한 요소 가운데 한 가지는 땅을 기업으로 주시겠다는 것이다. 이 땅은 지상의 모든 영토를 상징적으로 대표한다. 사람을 에덴동산에 두신 이유는 그것을 지키고 다스리기 위함이다. 따라서 이스라엘은 가나안에서 군주로부터 물려받은 봉토를 지키고 다스려야 했다. 최종적으로 하나님의 구원 목적이 성취되는 때가 이르면 모든 땅(사실상 모든 피조물)이 사람의 통치 하에 들어올 것이며, 그들은 "만물을 다스리고 지배하게" 될 것이다.

그렇다면 이스라엘의 가나안 정복은 모든 피조물을 창조자께로 부르시는 과정의 한 단계라고 볼 수 있다. 가나안은 악의 지배 하에 놓여 있는 지상 세계 전체의 한 부분(*pars pro toto*)이자 그것의 축소판이다. 이스라엘은 이 악한 세력을 모두 물리친 후 안식에 들어갈 수 있다. 따라서 하나님께서 애굽으로부터 자기 백성들을 택하시고 구원하신 것이나, 시내산에서 그들을 만나시고 그들을 제사장의 나라로 삼으신 것은 목적이 있었으며, 이러한 목적을 성취하기 위해서는 지리적 근거지가 필요했다. 그들은 이곳으로부터 자신들의 언약적 지위에 대한 의미와 자신들에게 부여된 화해 사역을 온 세상에 전하게 될 것이다. 성막과 마찬가지로, 가나안은 여호와께서 자기 백성들과 함께 거하시는 곳으로서 초점이 맞추어질 것이다. 바로 이곳에서 그의 주권은 특별히 택한 백성들을 통해 역사적으로 드러나게 될 것이다.

그러나 이 땅에 들어가기 위해서는 순례와 정복이 필요하다. 언약적 약속과 언약적 소유 사이에는 그들을 위협하는 무서운 대적들을 통과해야 하는 험난한 여정이 놓여 있다. 이스라엘은 이 땅을 정복하여 차지하기 위해서는 많은 힘든 노력을 기울여야 한다는 것을 깨달아야만 했다. 왜냐하면 가나안은 다른 피조세계와 마찬가지로 이방 영역에 위치해 있어 자기 백성들을 대신하여 싸우시는 여호와의 강한 팔과 힘으로 제압할 수밖에 없기 때문이다.

순례 행로와 정복에 관한 신학은 민수기의 기사에서 잘 드러난다.[78] 모세는 가나안을 향해 출발하기에 앞서 시내산에서 각 지파에 대한 인구조사(민 1장)와 그들의 진 배치(민 2장)에 관한 내용에 대해 분명한 군사적 용어를 사용하여 기록하였다. 여호와의 성소를 지키는 레위인들은 성막을 둘러싸야 했다. 특별히 이들은 배치 장소나 기능적인 면에서 성막과 가까웠는데 그 이유는 그들이 여호와께서 출애굽을 위해 성별하신 이스라엘의 장자를 대표하였기 때문이다(3:12-13, 44-45; 8:5-26). 성소를 출입하는 것은 그들의 의무였다(4장). 장자가 아버지를 도와 그의 사업을 잇는 것은 당연한 일이다. 그들에게 요구되는 것은 제사장들에 대한 요구와 마찬가지로 그들이 중보적 사역을 감당해야 하는 공동체의 제사를 통해 충족될 수 있을 것이다(18장).

이러한 순례 행로는 제의적 의무나 사회적 법규들을 중단하라고 요구하지 않는다. 사실 광야 생활을 하는 유목민들에게 있어서 이동이라고 하는 특별한 환경적 요소는 앞서 언급한 내용에 대한 원리나 실제에 대한 재진술을 요구한다. 따라서 문둥병(민 5:1-4), 간통죄(5:11-31), 나실인의 서원(6:1-21), 유월절(9:1-14), 제사에 관한 규례(15:1-31, 37-41; 28:1-29; 40장), 정결 의식(19장), 서원(30:1-16) 및 기업에 대한 상속(36:1-12) 등과 같은

---

78) Brevard S. Childs, *Introduction to the Old Testament as Scripture* (Philadelphia: Fortress, 1979), pp. 197-99.

문제에 대한 특별한 조항이 제시된 것이다. 이 내용들은 원래의 언약적 선언에 뿌리(기초)를 두고 있지만, 그럼에도 불구하고 순례하는 백성들에게 본질적으로 필요한 변경과 수정을 반영하였던 것이다. 이들 순례하는 백성들은 자신들의 모든 일시적 한계에도 불구하고 방랑생활로부터 자신들의 영원한 정착지가 될 땅으로 향하는 길을 내다보았다.

순례 행로 자체는 신학적으로 중요한 의미가 있다. 왜냐하면 이것은 약속으로부터 그것에 대한 소유로 향하는 모든 순례의 경험에 있어서 하나의 패러다임을 형성하기 때문이다. 그들이 출발하기 전날, 성막이 조립되고 하나님의 영광이 성막에 충만한 때에, 이스라엘 각 지파의 지도자들은 성막의 봉사에 사용될 엄청난 양의 공물을 가져왔다(민 7:1-2, 5). 이와 같은 방식으로 그들은 자신의 헌신을 확인하였으며, 각 지파의 지도자들은 제사장들과 레위인들의 사역을 지원하였던 것이다. 그들은 이와 같이 순례의 길을 떠날 차비를 마쳤다. 그들의 이동은 언약 백성들의 풍성한 응답에 의해 인준되고 입증된 것이었다. 그들은 약속의 땅으로 진군해야 했으며 그곳에서 여호와께서 말씀하신 복을 누릴 것이다(10:29).

여호와께서는 진군을 명하시고, 또한 강하고 전능하신 전사가 되어 자기 백성들 앞서 가셨지만(민 10:33-36; 14:8-9), 그들은 그가 자기들을 안전하게 인도하여 주실 것이라는 사실을 신뢰하지 못하고 실패를 거듭하였다. 그들은 하나님께 불평을 늘어놓고(11장; 20:1-13), 모세의 지도력에 반기를 들었으며(12-14장; 16-17장), 뻔뻔스러운 배교에 빠져 언약을 부정하였다(25장).

이 모든 것에도 불구하고 여호와께서는 자신의 언약에 충실하셨다. 그는 그의 종 모세를 위해 그와 함께한 지도자들에게 그의 신으로 충만케 하시고(민 11:16-30; 13:30; 14:24), 육체적 욕구를 채워주셨으며(11:31-35; 21:4-10), 가는 곳마다 그들을 대적하는 무리들을 치심으로(21:1-3, 21-32, 33-35; 22-24; 31:1-11) 도와주셨다. 여호와께서는 백성들에게 자신이 언약을 반드시 이행하실 것이라는 사실을 거듭 확인해 주셨으며(11:23; 14:20; 15:41), 심지어 거짓 선지자 발람을 통해서도 그렇게 하셨다(23:19-24; 24:3-9, 15-24). 이스라엘은 불충한 것이 드러났으나 하나님은 자신을 부정하지 않으셨다. 그들을 택하시고 구속하신 그는 언약을 제정하시고 그들 가운데 함께 거하시며 안식의 땅까지 안전한 순례를 보장하실 것이다.

이 약속을 위해 하나님께서는 모세에게 그 땅을 탐지하게 하셨으며(민 13장), 먼저 백성들로 하여금 그 땅의 아름다움과 풍성함을 듣게 하셨다(13:27). 그들은 비록 갈렙과 여호수아의 소수 의견을 거절함으로 그 땅에 들어가는 것이 지연되었으나, 르우벤과 갓과 므낫세 지파 일부는 아모리인이 차지하고 있던 요단 동편 지역을 차지함으로 맛을 보았다. 여호와께서는 그들에게 이 지역을 허락하셨다. 그곳은 비록 조상들에게 약속하신 땅의 경계를 벗어나는 지역이었으나 적어도 당분간은 이스라엘의 땅으로 편입되었다.

나머지 지역, 즉 원래의 가나안 땅에 대해 모세는 그 땅을 정복하기도 전에 이미 분배를 마쳤다. 이러한 원리는 분명하다. 그것은 하나님의 약속은 종종 미리 가시화된다는 것이다. 그러나 이러한 가시화가 사실상 현실로 이루어질 때까지 약속은 잠정적인 상태로 남게 된다. 따라서 여호와는 택한 백성들을 향해 가나안 거민들을 몰아내고, 그들의 우상을 파괴하며, 그들의 땅을 차지하라고 하셨던 것이다(민 33:50-56). 이것은 지파별로 미리 땅을 분할하게 하였으며 레위인들을 위한 성읍(35:1-8)과 도피성(35:9-28) 및 다른 분배(36:1-12)도 가능하게 하였던 것이다.

따라서 민수기는 하나님께서 족장들에게 약속하셨고 모세와 이스라엘에게 재확인하신 땅의 정복과 점유에 관한 내용이 배경을 이룬다. 역사적으로나 지리적으로 언약 백성들은 이 언약 관계의 중요한 요소를 성취하기 위한 문턱까지 도달하였던 것이다. 이제 요단을 건너 가나안을 정복하고 점령하여 그 땅을 지배하고 신적 통치를 시행하는 일밖에 남지 않았다. 그러나 이 과정은 새로운 세대에 의해 수행되어야 했다. 그들은 새롭고 변화된 환경에서 언약의 요구를 수행하여야 한다. 즉 이제는 도시화된 배경 하에서 영구히 정착생활을 해야 했다. 이것은 언약의 진술에 대한 수정을 요구하였으며 원래 언약 백성들의 후손들에 의해 확인되어야 했다.

# VI
# 신명기의 신학
## −A Theology of Deuteronomy−
### by Eugene H. Merrill

## 6. 신명기의 신학

### 1) 언약 갱신

오늘날 신명기에 대한 어떠한 진지한 연구에 있어서도 가장 기본적인 인식은 그것이 언약 문서로 이루어져 있다는 것이다. 이것은 신학적 영역 외부에서도 인정하고 있는 바이다.[79] 따라서 이러한 형식, 구체적으로 히타이트의 봉신조약과 유사한 형태로 인해, 본문의 내용은 예상대로 언약적 언어와 관심사를 반영한다. 사실 이 언약이 신명기의 신학적 핵심이라는 주장은 결코 과장이 아니다.

그렇다면 하나님은 언약을 제정하신 군주에 해당하고, 이스라엘은 언약을 받는 봉신에 해당하며, 규범적 조약문서의 본질적 요소들로 이루어진 본 신명기는 언약서 자체에 해당한다. 더구나 신명기를 신학적으로 다루려는 어떠한 시도도 이러한 형식과 언약적 주제에 초점을 맞추지 않을 수 없다. 이것은 하나님의 자기 계시 및 다른 계시가 조약과 관련된 상황에서 이해되어야 한다는 것을 의미한다. 왜냐하면 하나님은 이 책 속에서 자신이 주권자, 구속자, 언약의 조성자, 은혜를 베푸는 자로서의 특별한 역할을 하는 것으로 묘사하는 것이 목적이기 때문이다.

---

79) Peter C. Craigie, *The Book of Deuteronomy*, The New International Commentary on the Old Testament (Grand Rapids: Eerdmans, 1976), pp. 24-28.

따라서 언약적 내용과 무관하게 본서를 분석하는 것은 신명기서에 대한 신학적, 해석학적 남용이라고 할 수 있다. 그러나 이와 같이 특별한 언약적 의미에서 여호와를 이해하기 위해서는 그가 신명기에서 어떻게 자신을 계시하고 묘사하는지를 살펴보아야 한다. 즉 신적 자기 계시의 수단과 내용에 대해 결정해야 한다. 자기 계시는 행위, 신현, 말씀, 이름과 통칭, 인격, 속성, 성품 및 역할 등에 나타날 수 있다. 그러나 다시 한번 말하지만 이 모든 것은 언약적 체계라는 큰 틀 속에서 제시되어야 한다.

### 2) 신적 계시의 수단

하나님께서 자신을 계시하는 주요한 수단 가운데 한 가지는 역사적 사건, 즉 믿음의 공동체가 신적 계시로 인식할 수 있는 행동에 의해서이다.[80] 모압 평지에 있던 이스라엘에게 이러한 행위는 족장시대로부터 그 때까지 여호와께서 그들 앞에서 그들을 위해 행하신 무수하게 많은 전능하신 행위였던 것이다. 사실상 통치자로서 여호와의 요구는 바로 이러한 역사적 개입에 기초한다.

구약성경 어디에서나 하나님의 근본적인 행위는 창조 그 자체이다. 그러나 여기서는 우주적이지 않다. 신명기의 초점은 하나님의 우주적 관심사에 있는 것이 아니라 그의 백성들에 대한 특별한 관심에 있다. 이것은 첫 번째 행위가 조상들에 대한 선택과 부르심이라는 사실을 의미한다. 이러한 부르심에서 여호와는 선택하는 자의 역할을 하신다(신 26:5-9; 10:22; 32:15-18).

성공적 이행에 대한 약속과 함께 한 민족을 택하신 사실은 수백 년 후 놀라운 출애굽 사건을 통해 제시된다. 본문은 광야에서의 경험과 함께 여호와를 자기 백성들의 구속자로 제시한다(신 3:24; 4:3, 20, 34-39; 5:6; 6:12, 21-23).[81] 그들을 은혜로 택하여 부르신 그 분은 자기 백성들을 억압적 군

---

80) G. Ernest Wright and Reginald H. Fuller, *The Book of the Acts of God* (Garden City, N.Y.: Doubleday, 1960), pp. 9-10.

주로부터 구원하여 그의 신실하심과 누구와도 비할 수 없는 권능을 깨닫게 하심으로 이러한 부르심을 역사적으로 보증하셨다.

이러한 권능은 여호와께서 특별히 이스라엘 백성들을 위해 용사가 되셔서 자신의 팔을 드러내심으로 그들에게 입증되었다. 그는 시혼과 옥을 치셨으며(신 1:4), 바로를 굴복시켰다(1:30). 그는 앞으로도 대적들에게 계속해서 승리하실 것이며(7:1-2, 20-24; 9:3-5; 20:4, 13; 21:10; 23:14; 31:4), 그렇게 함으로써 모든 사람들에게 자신이 참으로 경배와 찬양을 받으시기에 합당하신 분임을 증명할 것이다. 악과 어두움의 세력에 대한 역사를 초월한 싸움은 이스라엘의 승리를 통해 역사적으로 드러날 것이다.

이스라엘을 위한 여호와의 개입은 그가 은혜를 주시는 자이자 보호자이심을 보여주며, 그의 관심은 그들의 수가 많아지는 은총과(신 1:10; 10:22), 그들에게 육체적 물질적 번영을 주고자 함(32:15-18)에 있음을 보여준다. 여호와의 부르심을 받고 구원함을 얻는 것은 곧 축복의 삶으로 들어감을 의미한다. 봉신에게는 헌신이 요구되지만 이러한 헌신에는 은혜로우시며 무한한 부를 가지신 군주에 의한 번영과 보호하심이 함께 한다.

더구나 하나님의 약속은 현재적 구원의 경험으로 끝나지 않는다. 그의 미래는 보다 영광스러운 번영이 놓여있기 때문이다. 그는 자기 백성들을 젖과 꿀이 흐르는 땅으로 인도하실 것이며, 그들은 그곳에서 어느 민족도 경험하지 못한 축복을 누릴 것이다(신 7:12-16; 11:13-15; 12:20, 29; 19:1, 8; 28:1-14; 30:3-9; 31:3; 33:2-29). 한편으로 그의 언약적 명령에 대한 불순종은 이러한 축복으로부터 벗어나게 할 것이며 여호와의 책망을 재촉하게 될 것이다. 그들의 구원자이자 그들에게 은혜를 베푸는 자는 곧 그들의 심판자이시기도 하다(4:27; 28:15-68; 31:17; 32:19-43).

---

81) Brevard S. Childs, "Deuteeronomic Formulae of the Exodus Traditions," *Hebraische Wortforschung*, ed. Walter Baumgartner (Leiden: Brill, 1967), pp. 30-39.

역사적 사건을 통한 자기 계시와 함께 여호와께서는 신현을 통해 자신을 주권자로 계시하신다. 이와 같은 방식으로 군주의 영광스러운 광채는 그의 위대하심과 권능의 빛을 드러내며, 위엄과 권위를 나타낸다. 거의 예외 없이 이러한 신현적 계시는 불이나 그것의 반대인 어두움의 형태로 제시된다(신 1:33; 4:11-12, 33, 36; 5:4, 22-26; 9:10, 15; 10:4; 33:2; cf. 시 50:2; 80:2; 94:1). 여호와께서는 뒤에 물러나 계시면서도 끊임없이 자기 계시를 하시는 신(*Deus absconditus*)이시다. 어두움은 그의 초월성(transcendence)과 그의 신비성(*mysterium*), 그리고 가까이 하기 어려움(inaccessibility)을 말해준다. 반면에 불은 그의 내재성(immanence)과 비록 제한적인 방법으로나마 그에 대해 어느 정도 알 수 있는 가능성에 대해 말해준다(cf. 겔 1:4, 27-28; 단 7:9; 계 1:14).[82] 언약적 관계는 조약의 두 당사자인 여호와와 이스라엘이 실제적으로 존재함을 말해준다. 그러나 아무리 위엄을 갖춘 왕이라 하더라도 여호와는 그들과 다르다. 여호와는 하나님이시며, 하나님은 언제나 형언할 수도 없고 근접할 수도 없는 분이시다. 그러나 언약의 파트너로서 그와 그의 백성 사이의 괴리는 인식론적, 존재론적 실체에 의해 메워질 것이다. 신현은 구약시대에서 이러한 필요성을 채워주는 수단이었다. 이러한 수단은 하나님께서 인간으로 성육신하신 신약시대의 그리스도 예수 안에서 절정에 달했다.

신명기적 언약의 본문에서 세 번째로 나타나는 신적 자기 계시의 수단은 말씀이다. 그러나 고대 근동 및 구약성경에서 행위와 말씀 사이에는 본질적인 구분이 없었다는 사실에 유의하는 것이 중요하다. 왜냐하면 이러한 행위는 말씀에 의해 생산되었으며, 말씀은 효과적인 목적이 없이는 생성되지 않았기 때문이다. 그것은 역동적이고 목적적이며, 창조적이고 강력하다(cf. 창 1:3 외). 그것은(예를 들어, 헬라 철학과 같이) 이론적으로 존재하거나 애매한 추상으로 존재하지 않는다. 계시적 관점, 특별히 신명기에서 권능의 말

---

82) Samuel Terrien, *The Elusive Presence* (New York: Harper & Row, 1978), pp. 109-12.

씀은 언약적 도구로 보아야 하며, 주권적 말씀은 명령하고 전달할 뿐만 아니라 능력을 주고 창조하기도 한다. 이에 대해서는 나중에 언약서로서 신명기에 관해 논의할 때 자세히 살펴볼 것이다.

### 3) 신적 계시의 내용

여호와의 뜻과 목적은 그의 행위와 신현, 그리고 말씀을 통해 분명히 계시되었으나, 절대 주권자로서 그의 본질은 이런 것들을 넘어 보다 직접적이고 구체적인 자기 계시의 방식으로 이해되어야 했다. 모세와 이스라엘 백성들은 실제로 여호와를 듣고 보고 경험하였으나 어디까지나 오늘날 사람들에게는 알려지지 않은 방식을 통해서였다(cf. 신 34:10-12). 그는 보다 자세하고 분명하게 자신의 인격과 계획에 대해 전달하셨다. 신명기에 나타난 이러한 인격적 계시는 당시의 이스라엘 백성들에게만 한정된 것이 아니라 그것을 읽는 모든 사람들을 위한 것이다.

반복되는 말이지만, 우리가 읽는 것은 본문에 제시된 여호와의 역할, 즉 비천하고 자격 없는 신하와 언약을 맺은 군주의 역할이라는 관점에서 해석되어야 한다. 편의상 자기 계시의 내용에 대해서는 여호와의 이름과 통칭(별칭), 그의 인격, 속성, 성품 및 그의 역할로 나누어 살펴보고자 한다.

(1) 여호와의 이름
① 여호와(Yahweh)
여호와라는 이름은 하나님의 언약적 역할을 가장 잘 드러낸다. 신명기에는 수식어 없이 220회 이상 등장하며, 서문(1-4장)에 35번, 언약의 조항(5-26장)에 119번, 축복과 저주(상벌)에 관한 내용(27-31장)에 51번, 그리고 시(32-33장)에 16번 나온다. 주 여호와(Adonai Yahweh)라는 이름으로는 두 번 나오는데 한번은 서문에, 또 한 번은 언약의 조항에 나온다. "조상들의 하나님 여호와"(Yahweh, God of the fathers)는 7번 나오며, 서문에 3번, 언약의 조항에 3번, 그리고 축복과 저주에 관한 내용에 한번 나온다. "너희 하나님 여호와"(Yahweh, your God)는 약 300번 나오며, 서문에 46번, 언

약의 조항에 207번, 성결에 관한 내용에 46번 나온다. 신명기에 언급된 여호와의 신적 명칭의 분포를 기초로 아래와 같은 몇 가지 신학적 관찰을 제시할 수 있다.

(1) 이 이름은 소위 산문 부분에서 거의 배타적으로 사용된다. 이것은 분명 하나님의 언약적 호칭이 본서의 언약적 내용을 입증하고 언약적 형식으로부터 나왔다는, 신명기의 언약적 특징을 보여준다.

(2) 역사적 서문에서 하나님의 이름으로 대부분 여호와가 사용되었다는 사실(94번의 신적 호칭 가운데 85번)은 여호와가 역사(특히 이스라엘 역사)의 하나님이심을 보여준다.

(3) 역사적 서문에서 여호와가 주로 "너희 하나님 여호와"라는 통칭으로 사용되었다는 것(85번 가운데 46번)은 그가 그들의 하나님이시라는 언약적 관계를 강조한다.

(4) 언약의 조항에서 대부분이 여호와, 또는 수식어를 포함한 표현이 주로 사용되었다는 것(5-11장에서 162번 가운데 144번, 12-26장에서 200번 가운데 186번)은 여호와이신 언약의 하나님에 대한 이스라엘의 의무를 강조한다.

(5) 축복과 저주에 관한 내용에서 대부분이 여호와, 또는 수식어를 포함한 표현이 사용되었다는 것(116번 가운데 98번)은 언약의 제정자로서 축복과 심판을 주시는 주권자의 개념을 뒷받침한다.

② 엘로힘(Elohim)
신명기에 나타난 하나님의 두 번째 이름은 엘로힘이다. 이 이름은 다른 수식어와 함께 38번 언급된다. 수식어 없이는 23번(서문에 5번, 언약의 조항 6번, 축복과 저주에 관한 내용에 8번, 시에 4번) 나온다. 엘(*El*)은 12번(서문에 3번, 언약의 조항에 4번, 시에 5번) 나오며, 엘룐(*Elyon*)은 시에만

한번 나온다. 엘로아(*Eloah*)는 시에 두 번 나온다. 여기에 "신들"이라는 뜻의 총칭어 엘로힘(*'ĕlōhîm*)은 37번(서문에 한 번, 언약의 조항에 22번, 축복과 저주에 관한 내용에 10번, 시에 4번) 나온다. 적어도 이 자료로부터 네 가지를 관찰할 수 있다.

(1) 본서에는 창조/우주적 계시가 적다. 이러한 계시는 초월성이 기대되거나 강조되는 신현에 관한 부분을 제외하면 주로 엘/엘로힘(*El/Elohim*)과 연결된다.

(2) 빈도수가 낮은 형태(*El, Elyon, Eloah*)는 주로 시에 등장한다(15번 가운데 8번). 유일한 예외는 엘(*El*)이며, 시 외에는 1-11장에만 나온다.

(3) 이교 신들에 관한 언급은 주로 언약의 조항과 축복과 저주에 관한 내용(37번 가운데 32번)에 언급되며, 본문에는 주로 여호와가 다른 신들과 비교된다.

(4) 시에서 엘로힘과 여호와가 큰 차이 없이 분포된 것(각각 12번과 16번)은 시의 초월적 특징과 언약을 초월한 우주적 주제에 대한 관심 때문이다.

(2) 여호와의 인격

하나님의 자기 계시는 그의 인격, 그의 본질과 존재에 관한 언급에도 나타난다. 성경은 그가 다른 만물과는 근본적으로 다르며, 멀리 떨어져 계시다고 증거하기 때문에 그의 자기 계시는 신인동형동성론적 형태가 될 수밖에 없다. 따라서 신명기는 하나님의 손(2:15; 3:24; 4:34; 7:19; 11:2; 26:8; 33:11; 34:12)과 팔(4:34; 5:15; 7:19; 11:2; 26:8)을 그의 권능에 대한 표현으로 제시하신다. 그의 눈(11:12; 12:28; 13:18; 32:10)은 그의 전지하심과 변함없는 관심을 나타내는 반면, 그의 얼굴(5:4; 31:18; 33:20; 34:10)과 입은 그의 영광과 말씀을 전달하기 위해 언급된다. 사실상 여호와의 "입"은 계시로서의 그의 말씀에 대한 환유이다(1:26, 43; 8:3; 9:23; 17:6; 10-11; 19:15; 21:17; 34:4).

놀랍게도 여호와께서는 사람과 같이 글을 쓰고(10:4), 걷고(23:14), 탄다(33:26). 어느 민족도 그처럼 신에게 가까이 다가가지 못하였다(4:7, 39; 31:8). 그는 모세나 이스라엘과 대화하였으며(9:12-24), 이스라엘의 진 가운데서 행하셨다(23:14). 그는 초월적이시므로(4:12, 35-36, 39; 5:4, 22-26; 7:21; 10:17; 28:58) 결코 형상화 할 수도 없고 해서도 안 되며(4:12, 15), 오직 이름으로만 나타나신다(12:5, 12, 21; 14:23, 25; 16:2, 6, 11; 26:2). 그는 유일하신 하나님이시자 비할 수 없는 분이시며(3:24; 4:35, 39; 5:7; 6:4, 15; 32:39; 33:26), 주권자이시며(10:17-18; 32:8-9), 영원하신 분이시다(30:20; 32:40; 33:27). 가장 인정 있는 인간의 용어로 표현하면 여호와는 자기 백성들의 아버지이시다(14:1; 32:5-6).

### (3) 여호와의 속성 및 성품

신적 자기 계시는 먼저 여호와의 속성과 성품의 완전한 묘사로 나타난다. 그는 조상들과 이스라엘 백성들에게 무조건적 언약을 베푸신 자비로우신 하나님이시며(신 1:8, 11; 3:18, 20-21; 4:31; 6:10; 7:8; 9:5, 27-28; 10:15; 11:9, 21; 28:9; 29:13), 오늘날과 미래에도 자기 백성들을 축복하시는 하나님이시다(1:10, 20-21, 25, 35; 2:7; 7:13-16; 8:10, 18; 10:22; 11:14-17; 12:1, 21, 14:24, 29). 특히 이 점에서 ḥesed(자비)라는 표현의 사용에 유의해야 한다. 이것은 분명한 언약적 용어로서 선민을 은혜로 대하시는 여호와의 언약적 신실성을 확인한다(5:10; 7:9, 12; 33:8).[83]

하나님의 속성 가운데 특히 언약서로서 신명기와 관련된 또 하나의 속성은 그의 사랑이다. 이것은 이스라엘을 향한 그의 부성적 사랑에서 나타나지만(1:31), 특히 언약의 제정자로서 하나님을 묘사하기 위한 전문 용어(*terminus*

---

83) Nelson Glueck, ḤESED in the Bible (New York: Hebrew Union College Press, 1967).

*technicus*)로 사용된다(4:37; 7:7-8, 13; 13:18; 23:5; 30:5; 33:12).[84] 사실 이스라엘에 대한 그의 사랑이나 선택은 동일한 의미를 가진다. 그가 이스라엘 백성들을 택하여 자기의 특별한 소유로 삼으신 것은 그들이 위대하거나 힘이 있어서가 아니라 -그들은 아무 것도 아니다. 하나님이 그들을 사랑한 때문이다(7:7-8). 즉, 선택과 사랑은 상호적 정의가 가능하며, 동일하게 구원과 언약으로 귀결된다.

언약의 제정자로서 하나님은 자신의 언약을 신실하게 이행하실 것이며(신 7:9, 12; 31:6, 8; 32:4), 언약과 자기 백성들을 권능으로 보호하실 것이다(4:34, 37; 5:15; 6:21-22; 7:19). 뿐만 아니라 그는 절대적으로 거룩하시고(5:11), 영화로우시며(5:24-26; 28:58), 모든 길이 공평하시다(32:4). 그는 이스라엘을 대함에 있어서 의로우시며 공의로우시다(4:8; 10:17-18; 32:4). 그러나 그는 또한 질투하시는 하나님이시며 다른 신을 섬기는 것을 참지 못하신다(4:24; 5:9; 6:15; 13:2-10; 29:20; 33:16, 21). 만일 그의 백성들이 불순종하고 다른 신을 섬기거나 여호와의 언약을 위반한다면 그의 진노와 심판을 면치 못할 것이다(1:37; 3:26; 4:21, 25; 6:15; 7:4; 9:18-20, 22; 11:17; 13:17; 29:20, 23, 25, 27-28; 31:29; 32:21-22). 그러나 그들이 회개하면 그의 한량없는 긍휼을 맛볼 것이다(4:31; 13:17; 30:3).

(4) 여호와의 역할
신명기에서 하나님의 자기 계시의 두 번째 방식이자 아마도 더욱 분명하게 인식하고 이해할 수 있는 것은 그의 역사적 및 초역사적 행위일 것이다. 신명기의 언약적 구조 및 내용이라는 관점에서 여호와의 주된 역할은 이스라엘을 택하여 언약을 맺으시고 자신의 계획을 온 민족에게 수행하게 하신 주권자 하나님으로서의 역할이다. 이러한 관점은 분석적 신학이 추구하는 방식이며, 이러한 방식을 통해 하나님의 종주권(suzerainty) 행사에 관한 책으로서 신명기에 언급된 구체적인 신적 활동이나 관계를 볼 수 있다.

---

84) Moran, pp. 77-87.

앞에서 논의한 표현 방식이나 그의 이름과 통칭, 인격, 속성을 통해 드러난 여호와의 계시는 군주로서 그의 역할을 통해 규명된 계시에 영향을 주거나 일치해야 한다. 그러나 다음의 방식은 신명기와 사실상 오경 전체의 언약적 주제에 초점을 맞출 것이다. 이것은 아마도 언약적 관계를 다룬 해석학적 본문에 제시된 하나님의 자기 계시에 대해 깨닫게 해 줄 것이다.

① 창조자

역사에서 하나님의 가장 근본적인 사역은 물론 창조자로서의 사역이다. 이것은 성경 어디서나 볼 수 있는 중요한 모티브이지만, 신명기 4:32에서만 그것을 분명히 제시한다. 본문도 사실 우발적이며, 하나님의 창조 이래 이스라엘과 같이 하나님의 음성을 듣고 구원을 받은 백성들은 전례가 없다는 의미로 언급되었을 뿐이다. 그렇다면 확실히 본문의 강조점은 하나님께서 모든 피조물을 지배하라고 명하신 보편적 언약에 있는 것이 아니다. 오히려 신명기의 강조점은 여러 민족들 가운데 이스라엘을 불러 창조주 하나님을 증거하도록 그들과 맺은 언약에 맞추어졌다고 할 수 있다. 이스라엘에 대한 부르심은 피조세계를 채우기 위함이 아니라 땅을 정복하기 위함이다. 따라서 여기서 여호와의 역할은 창조자로서의 역할이 아니라 구속자이자 언약의 제정자로서의 역할이다.[85]

② 구속자

구속자로서의 역할은 많은 본문에 분명히 언급된다(신 5:6, 15; 6:12, 21-23; 7:8; 8:14; 9:26, 29; 13:5, 10; 15:15; 16:1; 24:18; 26:8). 그는 오직 그들에 대한 사랑 때문에 애굽의 주인들을 치셨으며, 그의 아들 이스라엘을 기적적으로 구원하시고 인도하시어 모든 약속과 소망과 함께 그들을 언약으로 초청하셨다. 이것은 역사에 일어난 기적적 사건이었으며, 온 세상이 그들을 통해 이스라엘의 하나님을 유례없는 참 신으로 인정할 수밖에 없는,

---

85) Bernhard W. Anderson, *Creation versus Chaos* (Philadelphia: Fortress, 1987), pp. 59-60.

기념비적이고 상상하기 어려운 사건이었다. 구속 사역은 모든 피조물에 대한 여호와의 주권을 입증한 사건이었으며 한 민족을 불러 자신의 우주적 구속 사역에 수종들게 하시려는 자비로운 목적을 나타낸 사건이었다.

구속적 행위의 직접적인 목적은 구속된 백성들을 여호와와 교제를 갖게 하는 것이었다. 그러므로 여호와는 특별한 관계를 주관하시고, 구체적인 역사적 사건을 통해 그것을 이루어 가시는 언약의 하나님이시다. 이것은 단순히 출애굽에 이어지는 논리적 결론이 아니다. 여호와는 이미 조상들에게 그들의 후손을 구별하여 능력으로 구원하시고 자신의 특별한 소유로 삼으시겠다고 약속하셨기 때문이다. 사실 신명기 곳곳에는 시내산 언약과 신명기 언약 및 언약적 축복을 족장들에 대한 약속과 결부시킨다(1:8, 11, 21, 35; 6:3, 10, 19; 7:8, 12; 8:18; 9:5, 27; 11:9; 19:8; 26:3; 29:13; 30:20; 34:4).

모압 평야에서 모세는 자신의 역사적 지리적 관점에 따라 지난 38년의 세월을 돌아보며, 지금까지 여호와께서는 그들이 이제 새로운 마음으로 받아들이려는 언약에 대해 주관하셨음을 회고하였다. 시내산에서의 만남을 통해 하나님은 그들에게 구속의 은혜(4:20, 34)와 선택(7:6-8; 10:15; 32:9-13)에 기초한 언약 관계의 핵심으로서 십계명을 주셨다(신 4:13).

신명기 메시지의 핵심인 언약 갱신에 관한 본문에서 싯딤에 모인 회중에게 주신 가장 분명한 언약적 축복은 요단강 건너 땅과 가나안에 대한 정복과 점령 및 정착이었다. 족장들에 대한 약속이나 시내산 언약과 관련하여, 다른 약속도 많이 있지만 신명기에서 땅보다 더 큰 약속은 없다.[86] 400년 이상이나 이스라엘 백성들은 적대적인 애굽에서 나그네가 되었으며, 출애굽 이후에도 시내 광야에서 유랑하는 유목민이 되었다. 자기 땅에서의 영원한 정착에 대한 기대가 모세의 고별사의 지배적인 주제가 되었다는 것은 결코

---

86) Dumbrell, *Covenant and Creation*, pp. 116-23; Patrick D. Miller, "The Gift of God: The Deuteronomic Theology of the Land," *Interpretation* 23 (1969): 451-65.

놀라운 일이 아니다. 율법과 제의적 예배를 통해 나라가 세워졌기 때문에 그들에게 부족한 것은 그들이 모든 민족 앞에서 부르심의 목적대로 살기 위한 영토였다. 이제 이 땅은 하나님의 언약적 목적의 모자이크에 있어서 최종적 조각으로 그들 앞에 놓여 있다(신 1:8, 20-21, 39; 2:24, 29, 31; 3:18, 20; 11:24-25, 31; 12:1, 10; 13:12; 15:7; 17:14; 18:9; 19:2-3, 7, 10; 20:16; 21:23; 24:4; 25:15, 19; 32:49, 52).

그러나 약속의 땅은 오직 정복에 의해서만 얻을 수 있다. 가나안은 지상의 다른 나라들처럼 여호와의 목적에 적대적이며, 타락으로 말미암아 그들에 대한 하나님의 주권을 인정하기를 거부하였다. 여호와에 대한 그들의 대적행위는 그의 종된 백성 이스라엘에까지 미쳤다. 따라서 이스라엘은 대적들이 불법적으로 점령하고 있는 이 약속의 땅을 차지하기 위해 투쟁과 전쟁을 해야만 했으며, 그들은 이 싸움을 준비해 왔다.

약속의 땅은 결국 이스라엘의 땅이 아니었으며 여호와의 땅이었다. 앞에서 언급한 대로 가나안은 하나님께서 인간을 지배하시기 위해 자신의 영역으로 창조하신 땅의 축소판이었던 것이다. 하나님의 형상을 따라 지음 받은 인간이 실패함으로 그는 지상에서의 역사적 통치를 상실하게 되었으며, 이러한 권위의 상실은 결국 세상 나라가 "우리 주와 그 그리스도의 나라"(계 11:15)가 되기까지 지속될 것이다. 그러나 이스라엘은 택함을 받아 이 땅에서의 하나님의 통치가 어떻게 나타나야 하는지를 역사적으로 보여주었으며, 가나안 땅은 온 세상이 그의 주권을 볼 수 있는 지역으로 선택되었다. 그러므로 이 땅에 대한 정복과 점령은 우주적 정복과 점령의 원형으로서, 선지자들의 종말론적 메시지의 주제가 된다.

가나안이 참으로 "하나님의 땅"이라면, 이 땅을 불법적으로 점유한 자들을 몰아내고 자기 백성들을 그곳에 정착시킬 수 있는 자는 하나님 외에 아무도 없을 것이다. 이것은 가나안 정복 전쟁이 이스라엘의 전쟁이 아니라 하나님의 전쟁이라는 관점을 제기하였다.[87] 이 전쟁을 승리로 이끈 자는 모세나 여호수아나 어떤 다른 인간 지도자가 아니다. 그는 바로 여호와이시다. 그는 백성들에 앞서 전쟁터로 나가 그들을 위해 싸우시고 승리를 안겨주시는 용사이시다. 신명기는 이스라엘의 전쟁에서 그들을 위해 싸우시는 용사와 정복자로서 여호와에 대한 언급으로 가득하다(1:4, 30, 42; 2:15, 21-22; 33, 36; 3:2-3, 21-22; 4:3; 5:15; 7:1-2, 16, 18, 22-24; 9:3-5; 11:23; 12:29; 18:12; 19:1; 20:4, 13; 28:7; 31:3-6, 8).

③ 용사

여호와께서 용사로서의 역할을 하셨다는 사실은 다른 방향에서 생각해 볼 수 있다. 즉 그는 자기 백성 이스라엘을 위해 자비로운 축복을 선언하시고 시행하셨다는 것이다. 땅에 대한 약속과 정복은 사실상 언약과 언약적 축복에 있어서 하나의 중요한 요소이지만, 하나님께서 의도하신 것은 다른 어떤 수단도 아니다. 그는 과거에도 그러했듯이(신 2:7; 8:3-4), 이 땅에서 풍성함을 지속적으로 공급해 주실 것이다(6:10-11; 7:13-15; 8:7-10; 11:14-15; 14:29; 15:4, 6; 16:15; 28:3-6, 11-12; 29:5-6; 33:24). 여기에는 풍성한 추수와 흡족한 비와 건강과 장수가 포함된다. 보다 중요한 것은 이스라엘이 끝없이 이어지는 후손을 통해 이 약속이 지속될 것이라고 생각했다는 것이다(1:11; 7:13-14; 10:22; 28:4).

후자의 약속은 외형적 조건을 통해 분명히 언급되지만, 보다 큰 축복은 영적 영역이다. 그는 아직 태어나지 않은 세대에게 그의 자비하심(ḥesed)을 나타내며 언약을 이행하실 것이다(신 5:9). 이스라엘 백성들이 순종으로 보답했던 것처럼 그들의 시대에는 측량할 수 없는 복을 받을 것이며(5:16, 33; 6:2-3; 11:26-27) 사실상 지상의 모든 나라들 위에 서게 될 것이다(28:1-2, 13). 그들이 불순종하여 은총을 받을 자격이 없다고 하더라도 여호와께서는 그들을 사하시고 언약적 책임을 감당할 수 있게 회복시키실 것이다(30:3-10; 32:43).

---

87) P. D. Miller, "God the Warrior: A Problem in Biblical Interpretation and Apologetics," *Interpretation* 19 (1965): 39-46; idem, *The Divine Warrior in Early Israel* (Cambridge: Harvard U., 1973).

④ 기소자와 재판장

이스라엘의 구속자와 용사로서의 역할 이면에는 기소자와 재판장으로서의 역할이 있다. 앞에서 언급한 대로 이스라엘은 언약적 특권을 떠날 수는 있으나, 그럴 경우 징계와 처벌을 받을 수밖에 없다. 언약적 교제는 이스라엘에게 무한한 기회와 특권을 제공하지만, 동시에 명령에 대한 순종을 요구한다. 여호와의 봉신이 된다는 것은 최고의 보상과 가장 심각한 처벌이 포함된 두려운 선택이다.

그러므로 여호와는 자신을 재판장으로 제시하신다(신 1:17). 그는 이미 과거에 이스라엘 백성들에게 분노를 나타내신 바 있으며(9:14, 19-20, 25-26: 11:2-6), 장차 올 시대에도 반역자에 대해서는 징벌하실 것이다(5:9; 6:15; 7:4, 10; 8:19-20; 11:17). 이것은 특별히 하나님께서 그들을 약속의 땅으로부터 뽑아내어 땅 끝까지 흩으시는 처벌로 나타날 것이다(4:27; 28:20-68; 29:20-28; 32:23-26). 그러나 이것은 그들을 멸하시려는 목적에서가 아니라, 무조건적 은혜로 선택하신 그들이 다시 한번 회개하고 주께로 돌아오도록 징계하시기 위한 유익한 목적에서 이다.

4) 인간에 관한 계시

구약성경은 끊임없이 사람을 하나님의 창조와 구속 사역의 최고의 영광으로 제시하며, 특히 이스라엘은 아브라함 언약의 관점에서 볼 때 하나님이 자기를 섬기고 세상을 구원하도록 특별히 택하신 "소유된 백성"이기 때문에, 인간에 대한 계시가 구약성경의 근본적인 신학적 주제임을 굳이 입증할 필요는 없다. 신명기의 분명한 언약적 구조와 내용은 신적 언약의 제정자이신 여호와 자신이 누군가와 언약을 맺은 것이 틀림없음을 보여준다. 물론 이 누군가는 이스라엘이다. 그러나 이스라엘에 대한 선택은 주권자의 구속적 목적에 대한 선포라는, 보다 원대한 목적을 가지고 있기 때문에 이스라엘보다 광대하고 구체적인 의미에 있어서 인류 전체에 대한 고려가 있어야 한다. 그렇다면 이 논의는 논리적으로나 신학적으로 인류와 민족, 이스라엘 및 개인에 대한 신명기의 계시로부터 출발해야 할 것이다.

### (1) 사람에 대한 계시

신명기에는 사람에 해당하는 일반적인 용어인 ’ādām이 네 번 언급되어 있다(4:28, 32; 8:3; 32:8). 첫 번째 언급은 사람의 손으로 만든 우상을 지칭하나, 다음 두 번은 하나님이 사람을 창조하시고 지상에 흩으셨다는 언급에 사용된다. 32:8의 ’ādām은 정치적, 영토적 범주에 해당하는 gōyîm(민족)과 평행을 이룬다.[88] 신명기에 나타난 ’ādām의 다른 용법은 인류에 대한 언급이라기보다 개인에 대한 언급으로 보인다(5:21; 20:19). 신명기 8:3은 사람이 떡으로만 사는 것이 아님을 보여준다. 그는 하나님의 말씀으로 살아야 한다. 그러나 인간에 대한 관심은 이 정도에서 그치기로 한다.

### (2) 민족에 대한 관심

신명기는 나라들을 gōy와 고유 명사 뒤에 ‘am을 붙여 표현한다. gōy는 이스라엘이 특별한 계시와 율법을 받아 다른 나라들과 구별된다는 본문(신 4:6-8)에 처음으로 등장한다. 신명기 4:34은 이스라엘을 "다른 민족(애굽)에게서 인도하여낸" 한 민족으로 언급함으로 하나님의 백성들의 선택적, 구별적 특성을 다시 한번 강조한다(cf. 26:5, 19). 그러나 저주에 관한 본문은 심판 받는 민족(앗수르)이 이스라엘을 흩고 그들을 긍휼로 대하지 않을 것임을 보여준다(4:27; 28:36, 49-50, 65; cf. 30:1; 32:21). 모세는 여호와께서 내가 이스라엘을 멸하고 너로 그들보다 강대한 나라가 되게 하리라는 말씀을 듣는다(9:14).

가나안 민족들은 그들의 악한 행위로 인해 그 땅에서 쫓겨나야 하며, 이스라엘이 그곳에 거주해야 한다(신 4:38; 7:1, 17, 22; 9:1, 4-5; 11:23; 12:2, 29-30; 19:1; 20:15; 31:5). 이스라엘은 이들과 다른 나라들도 다스

---

88) *Theological Dictionary of the Old Testament* (1975), s.v.i goy, 2:426-433.

릴 것이며(15:6, 28), 복의 근원이 될 것이다(28:12). 종말론적 시대에 그들은 이스라엘과 함께 하나님의 구원을 누릴 것이다(32:43). 다른 나라의 우상을 탐구하거나 흉내 내어서도 안 되며 (12:29-30; 18:9, 14), 정치적 구조를 따라서도 안 된다(17:14). 여호와는 이스라엘의 주권자이시기 때문이다. 만일 이스라엘이 범죄하면 여호와께서 다른 나라들을 징벌하시듯 징계하실 것이다(8:20).

두 번째 용어인 'am은 신명기에서 gôy와 자주 평행을 이루나, 인종을 지칭하는 전문 용어 이상의 의미가 부여된다. 이 단어가 gôy와 평행을 이루거나 동의어적 의미로 함께 제시될 경우, 더 이상의 주석은 필요 없다. 'am이 인종적 의미로 사용된 놀라운 예는 아낙자손에 관한 언급이다. 그들은 거인이며(9:2) 여호와께서 이스라엘을 징계하시기 위하여 그 땅을 침범하게 하신 침략자들이다(28:33).

(3) 이스라엘에 대한 계시

이스라엘의 정체성이 정치적인 것만은 아니라는 사실은 그들을 백성으로 선택할 때 강조되며(신 4:20; 7:6; 14:2, 21; 26:18-19; 33:29), 그들의 완고하고(9:6, 13) 어리석은(32:6) 본성에서도 잘 드러난다. 그들의 비정치적 본질은 여호와와 모세가 "그 백성"에 관해, 그리고 그들에게 하신 말씀에서 잘 드러난다(2:4, 16; 3:28; 4:10; 5:25; 9;13, 27; 10:11). 가장 중요한 것은 "오늘날 네가 네 하나님 여호와의 백성('am)이 되었으니"(27:9)라는 언급이다. 본문에 gôy가 사용되어야 한다고 생각하는 사람도 있으나, "이스라엘"이라는 개념에 담긴 인종적 요소는 민족만큼 중요하다. 사실 본문은 이스라엘이 원래 아무런 관계도 없는 부족들의 연합이라는 주장(Noth)과 달리[89] 그 이상의 의미가 있다. 이스라엘은 항상 "한 아버지의 열두 아들"로 구성되어 있었다. 즉 그들은 같은 시조명으로 지칭되는 동일 인종적 집단이었다(cf. 29:13). 백성들의 언약적 특징은 그들을 여호와의 백성으로 묘사한 본문에 제시되며(9:26, 29; 21:8; 26:15; 32:9, 36, 43), 아이러니하게도 여호와께서는 그들에게 분노하며 그들을 모세의 백성이라고 말씀하신다(9:12).

### (4) 개인에 대한 계시

앞에서 살펴본 구약성경 인간론은 창세기에서 오경적 뿌리를 찾지만 토라의 나머지 부분은 개인에 대한 교리에 별로 관심이 없다. 그 이유는 명백하다: 아브라함과 함께 시작된 역사적, 신학적 초점은 인류 전체나 특정 개인이 아닌 이스라엘과 그들의 특징 및 역할에 있다. 이스라엘 백성들도 언약의 민족으로서만 중요할 뿐이었다.

다른 구약성경과 마찬가지로 신명기에서 'îš라는 단어는 인류나 백성에 반대되는 개인을 지칭하는 말로 사용된다. 'îš의 동의어로는 'ĕnōs, geber, zākār ba'al이 있으며, 신명기에서는 모두 특별한 방식이나 뉘앙스로 사용된다. 신명기에서는 'îš를 포함한 이들 용어 어느 것에도 신학적 의미는 없으며, 단지 개인을 지칭하거나 남녀를 구분하기 위해 사용될 뿐이다(22:5; 4:16).

신명기에는 정신신체와 관련된 일반적 용어들이 통상적인 의미로 사용된다. 가장 일반적 용어로 사용되는 *nepheš*(사람, 영혼)는 사람 자체를 나타내나(4:9; 10:22; 13:7; 24:6-7; 27:25), 때로는 관용적으로 사용되어 인격적 본질(6:5; 12:28; 19:6; 19:11, 21; 22:26; 30:6), 감정적 요소(24:15; 28:65), 전 인격(4:29; 10:12; 26:16; 30:2, 10) 또는 의지나 욕망(12:15, 20-21; 14:26; 18:6; 23:25)을 지칭하기도 한다.

*lēb*("마음")는 보다 특별한 지적/정신적 측면을 나타내며(신 4:39; 6:6; 8:5; 29:3, 18; 30:11; 32:46), 종종 *nepheš*와 평행을 이루거나 함께 사용되어 "인격"이라는 뜻을 나타낸다(4:9, 29; 6:5; 10:12; 26:16; 28:65; 30:2, 6, 10). 여기

---

89) Martin Noth, *The History of Israel* (New York: Harper & Row, 1960), pp. 85-97.

에는 감정적 요소도 분명 있다(15:7, 9-10; 19:6; 20:3, 8). 또한 *lēb*는 *nepheš*와 마찬가지로 자기 자신에 대한 동의어로 사용된다(2:30; 7:17; 8:17; 9:4; 10:16; 18:21).

인간론적 개념으로서 *rûaḥ*는 신명기에서 단 한번 등장하며(2:30), *lēb*와 평행을 이룬다. *lēb*이 여호와에 의해 "강퍅하게" 된다는 것은 이 단어가 사람의 본질적 내면(정신)을 보여주는 내적 성향임을 말해준다.

결론적으로 앞에서 언급한 대로 신명기에는 분명한 인간론이 없다. 언약을 다루고 있는 본서에서 개인의 가치는 상대적으로 중요시 되지 않는다. 주권자의 구속적, 언약적 주장과 자신의 구원 의지를 전할 백성과의 관계를 목적으로 하는 본서가 초점을 맞추고 있는 것은 봉신인 이스라엘이다.

### 5) 언약에 대한 계시

언약의 제정자(여호와)와 언약의 수납자(인간, 특히 이스라엘)에 대해서는 살펴보았으므로, 이들을 특별한 관계로 연결하는 외형, 즉 언약 자체에 대해 살펴볼 필요가 있다. 이를 위해서는 이 관계의 형식적인 면과 실재적인 면, 즉 체계와 내용에 대해 알아야 한다.

#### (1) 신명기적 언약의 형식

코로섹(Korošec), 멘덴홀(Mendenhall), 클라인(Kline), 발체르(Baltzer)와 같은 학자들의 저술에는[90] 구약성경 언약의 형식과 패턴이 후기 청동기 시대 히타이트 봉신조약과 흡사한 것으로 제시된다. 맥카시(McCarthy), 프랑케나(Frankena), 웨인펠드(Weinfeld),[91] 등의 반론에도 불구하고 이러한 인식은 구약성경에 대한 형식 비평 및 신학적 범주에서 점차 증가하는 듯하다.

---

90) V. Korošec, *Hethitische Staatsverträge* (Leipzig: T. Weicher, 1931); George Mendenhall, *Law and Covenant in Israel and the Ancient Near East* (Pittsburgh:

특별히 신명기는 이러한 분석에 적합한 예로 알려져 왔다. 대부분의 학자들은 신명기에서 히타이트의 일방적인 조약의 본질적 특징이 발견된다고 한다. 조약의 전형적 형식은 다음과 같다.

1. 전문 (1:1-5)
2. 역사적 서문 (1:6-4:40)
3. (이행 사항에 대한 서론) (4:41-49)
4. 기본적 명령 (5-11장)
5. 구체적 법규 (12:1-26:15)
6. (권면 및 서술적 막간) (26:16-27:10)
7. 저주 및 축복 (27:11-28:68)
8. (결론적 호소) (29-30장)
9. 언약서의 보관 및 보존 (31장)
10. 언약의 증인 (32장)
11. (모세의 축복) (33장)
12. (에필로그) (34장)

세속적 조약 형식에 필요한 일반적 요소는 신명기 속에 순서대로 포함되어 있다. 이러한 비교의 정당성은 다음과 같이 상세한 신학적 분석에 의해 분명해 진다.

---

Biblical Colloquium, 1955); Kline, *Treaty of the Great King*; Klaus Baltzer, *The Covenant Formulary in Old Testament, Jewish, and Early Christian Writings* (Philadelphia: Fortress, 1970).

91) D. J. McCarthy, *Treaty and Covenant: A Study in Form in the Ancient Oriental Documents and the Old Testament* (Rome: Pontifical Institute, 1963); idem, *Old Testament Covenant* (Atlanta: John Knox, 1972); R. Frankena, "The Vassal Treaties of Esarhaddon and the Dating of Deuteronomy," *Old Testament Studies* 14 (1965); 122-54; Moshe Weinfeld, *Deuteronomy and the Deuteronomic School* (Oxford: Clarendon, 1972).

### (2) 신명기 언약의 내용

객관성을 보여주기 위해서는 하나님과 이스라엘 사이의 언약적 관계에 대한 신명기의 실제적인 가르침에 대해 귀납적으로 판단하는 것이 좋다. 이것은 앞서 제시한 구조와 양립하는 결과를 낳을 것이다.

신명기의 지리적 배경은 여리고의 맞은 편, 모압 땅이다(신 1:5). 출애굽과 이스라엘의 구원 후 사십 년이 흘렀으며, 시내산에서 언약을 제정한지 38년이 흘렀다. 시내산 언약의 옛 세대는 현장에서 사라졌으며, 죽음을 앞에 둔 모세는 새로운 세대로 구성된 회중들 앞에서 여호와께서 과거에 베푸신 은혜를 회상하며, 축복의 언약과 다가올 성공에 대해 역설하였다.

신명기를 이해하는 근본은 본서가 언약서라기보다 언약 갱신에 관한 내용이라는 것이다. 언약 자체는 호렙산/시내산에서 이루어지고 기록되었다(1:6; 4:1-2, 5, 10, 15, 23, 33-40). 그러나 이제 그것은 다시 진술되고 확인되어야 한다. 여호와께 개인적인 헌신을 다짐하지 않은 새로운 세대가 태어났기 때문이며, 더구나 새로운 역사적, 사회정치적 세력이 등장하였기 때문이다. 시내산 언약 이후 유목민으로서의 삶은 약속의 땅에서의 정착 생활로 대치되려는 시점에 와있었다. 이 시점은 분명히 그곳에서의 문화적, 사회적, 경제적 삶과 관련된 언약적 내용의 조정을 필요로 하는 전환기였다(5:12-15 [cf. 출 20:8-11]; 7:1-5 [cf. 출 23:32-33]; 12:5 [cf. 출 29:24]; 15:12-18 [cf. 출 21:2-6]).

시내산 언약(출 19:4-6)에 관한 분석에서 살펴본 대로 이것이 봉신조약에 해당한다는 것은 분명하다. 주도권은 여호와께서 쥐고 계시며, 이스라엘은 이 언약에 동참하여 순종할 책임을 받아들였다. 본문에는 조약과 관련된 전문 용어나 개념이 자유롭게 사용되었다. 또한 과거에 대한 언급과(19:4) 순종에 대한 명령, 그리고 언약적 용어인 *berîth*와 *sĕgullāh*를 사용하며, 또한

"만일…"라는 조건절 형식(19:5-6)을 통해 봉신조약의 언어적 특징을 분명히 보여준다.

이제 언약적 형식과 내용을 상호 연계하여 같이 다루어야 할 시점이 되었다. 즉 신명기가 봉신조약과 유사한 문서라는 가정은 이제 언약의 내용에 대한 분석을 통해 확인될 것이다. 왜냐하면 이러한 형식만이 본서의 내용에 담긴 의미를 완전하게 표현할 수 있기 때문이다.

① 전문
히타이트 조약을 시작하는 첫 번째 요소는 언약적 배경을 담은 전문이다. 전문은 "모세가 선포한 말씀"(cf. 아카드어로 *am/watu*,[언약과 관련된 전문 용어])92)에 대해 언급한다. 언약의 중재자인 그는 특정 시간과 장소에서 이스라엘 백성들에게 호렙산에서 받은 원래 언약의 진술과 행위에 대해 상기시켰다(신 1:2). 따라서 전문은 원래의 언약과 새로운 세대에 대한 언약 갱신과의 교량 역할을 한다.

② 역사적 서문
정상적인 조약 형태에서 두 번째 요소에 해당하는 역사적 서문은, 사실상 하나님께서 호렙산으로부터 모압 평야까지 이스라엘을 어떻게 인도하셨는지를 보여주는 요약이자 자세한 여정에 관한 내용이다(신 1:6-4:40). 본문은 과거를 회상하며(1:6-3:29), 현재에 대해서도 언급한다(4:1-40).

모세는 호렙산에서의 사건(신 1:6-18)에 대해 언급한다. 본문에서 여호와는 조상들에게 주신 약속을 백성들에게 상기시키며 그들에게 약속의 땅에 들어가 그 땅을 취하라고 명하신다(8절). 이어서 모세는 자기를 도울 신정정치의 지도자들을 세우나, 궁극적 권위는 그들이나 백성에게 있는 것이 아니라 여호와께 있음을 상기시킨다(17절).

---

92) *Chicago Assyrian Dictionary*, ed. M. Civil et al. (Chicago: Oriental Institute, 1968), II/1:34-35.

가데스바네아에서(신 1:19-46) 모세는 백성들에게 가나안 땅을 정복하라고 촉구한다. 그러나 여호와께서 그들과 함께 싸워주셨음에도 불구하고(30절) 그들은 이 요구를 이행하지 못하였다. 악한 세대는 이를 거절하였으며 언약적 책임과 축복은 다음 세대로 넘어가게 되었다(39절). 이것은 적어도 언약적 갱신 문서 자체의 존재 근거에 대한 설명이 되기 때문에 가장 중요한 단계라고 할 수 있다. 이스라엘의 한 세대는 실패하였으나 약속은 손상됨이 없었으며, 하나님은 끊임없이 자신의 약속을 확인하실 것이다. 그는 자신을 부인하실 수 없기 때문이다.

과거와 관련하여 세 번째 중요한 단계는 형제국인 에돔과의 만남으로, 그들과는 평화롭게 지냈어야 했다(신 2:1-7). 에돔 땅이 성역화 되었기 때문에 침범해서는 안 된다는 이유는 정확히 여호와께서 가나안을 야곱에게 주었듯이 그 땅을 에서에게 주었기 때문이다(2:5). 따라서 여호와의 주권은 비록 구약성경에서 이스라엘에 초점을 맞추지만, 다른 나라에도 확장되며, 특히 그들의 조상 아브라함의 후손들에게 초점을 맞춘다.

롯과 그의 딸 사이의 후손인 모압과 암몬에도 동일한 원리가 적용된다(신 2:8-25). 그들은 자신들이 받은 땅에 거하고 있으며, 이스라엘이라도 그들을 침범하면 모든 땅을 자신의 지혜와 은혜로 나누어주신 여호와의 왕권에 대한 도전이 될 것이다.

그러나 헤스본에서는 상황이 달랐다. 아모리 사람들은 동족이 아니라 하나님과 이스라엘의 대적이었기 때문에 헤렘(ḥērem), 즉 진멸되어야만 했다(신 2:26-37). 모세는 구약성경에서 하나님의 선언과 관련하여 가장 중요한 본문 가운데 하나를 통해, 이스라엘이 아모리 사람들을 에돔이나 모압, 암몬과 같이 대할 수도 있었으나 여호와께서 다른 계획을 가지고 계셨음을 지적하였다. 오직 그만이 아모리 사람과 다른 민족들의 차이를 알고 있었으며, 그의 주권적 섭리를 통해 아모리 왕, 시혼의 마음을 강퍅하게 하사

이스라엘로 하여금 그들을 멸할 빌미를 제공하게 하였던 것이다(30절). 직접적인 원인은 아모리 사람들이 차지한 그 땅이 하나님으로 받은 자신들의 소유가 아니었기 때문이다. 그 땅은 이스라엘이 약속의 일부로 받은 땅이었다(31절).

바산 역시 진멸(ḥērem)되어야 했으며, 그 땅은 여호와와 그의 봉신인 이스라엘의 소유가 되었다(신 3:1-11). 이 일이 끝나자 요단 동편 땅은 르우벤과 갓과 므낫세 지파에게 돌아갔으며(3:18), 다른 지파들 역시 하나님께서 그들을 위하여 싸우실 것이므로 서편 가나안 땅을 차지할 것이라는 약속을 받는다.

과거에 대한 회상에서 마지막 에피소드의 내용은 모세가 약속의 땅에 들어가는 것이 금지된 것이다(신 3:23-29). 여호와의 백성들 가운데 가장 많은 특권을 누려온 언약의 중보자가 자신에게 부과된 직무를 통해 거룩함을 나타내지 못한 고로(cf. 민 20:12), 가나안 정복을 통한 안식에 들어가지 못하였던 것이다. 예수님은 "무릇 많이 받은 자에게는 많이 찾을 것이요 많이 맡은 자에게는 많이 달라 할 것이니라"(눅 12:48)고 하셨다.

역사적 서문의 두 번째 부분은 언약의 수납자인 동시대인들에 대한 모세의 호소이다(신 4:1-40). 이 부분은 언약의 조건과 그것에 대한 축복과 저주가 군주이신 여호와의 대변인에 의해 봉신들에게 촉구된 내용이다. 다음은 본문의 언약적 특성에 관한 내용들이다.

1. 언약적 축복의 조건으로서 순종에 대해 호소한다(4:1, 6, 40).
2. 문서의 신성함에 대한 인식이 있다. 즉, 그것에 가감해서는 안된다 (4:2; cf. 12:32).
3. 문서와 그 내용의 공의로움에 대한 인식이 있다(4:8).
4. 언약적 의무를 후손들에게 들려주어야 할 필요성을 제기한다 (4:9-10, 40).

5. 언약을 전하는 모세의 역할과 권위에 대한 증거가 있다(4:14).
6. 주권자 여호와의 위엄과 영광이 분명히 제시된다(4:11-12, 15, 33, 36, 38).
7. 주권자의 유일성, 배타성 및 비교불가성이 강조된다(4:16-20, 23-24, 34-35, 39).
8. 언약의 증인, 특히 하늘과 땅에 대한 내용이 언급된다(4:26; cf. 30:19-20; 31:28; 32:1; 사 1:2).
9. 언약을 불순종할 경우에 대한 경고(4:26-28)와 그것을 고백하고 회개할 때 회복하시겠다는 약속이 있다(4:29-31).

모든 것을 종합해 볼 때 이러한 요소들은 본문은 언약적 내용의 일부에 해당함이 틀림없다.

역사적 서문은 신명기 4:40에서 끝난다.[93] 본문은 독자들에게 "오늘 내가 네게 명하는 여호와의 규례와 명령을 지키라 너와 네 후손이 복을 받아 네 하나님 여호와께서 네게 주시는 땅에서 한 없이 오래 살리라"고 촉구한다. 이 위대한 결론은 과거에 대한 회상과 현재에 대한 호소를 마무리하며, 장차 올 후손들에게 지침이 될 언약적 원리를 제시한다.

이어서 짧은 삽입구가 제시된다(신 4:41-43). 본문은 요단 동편의 도피성 선택에 관한 내용으로, 나중에 다시 언급된다(19:2-13; cf. 출 21:13; 민 35:6; 수 20:7-9).

소위 언약의 요구사항에 관한 부분은 신명기 4:44-26:19에 해당한다. 그러나 이 긴 본문은 작은 단위로 나누어지며, 크게는 기본적 조항, 또는 언약의 원리(5-11장)와 구체적 조항, 또는 원리의 적용(12:1-26:15)으로 나누어진다. 이와 같이 원리와 실천 부분으로 양분하는 방식은 세속적 조약에서도

---

93) Craigie가 지적하였듯이 신명기 4:41-43은 역사적 서문에 해당하지 않으며, 다만 서문과 4:44-49에 의해 도입되는 이행 사항 사이에 삽입된 본문이다(p. 145).

찾아볼 수 있다.[94] 두 부분의 적절한 관계를 이해하지 못한다면 둘 사이의 중복 부분이나 반복된 부분에 대해 설명할 수 없을 것이며, 특히 하나님의 구체적 요구가 항상 그의 인격이나 본성 및 영원한 목적에 근거한다는 기초적인 신학적 전제를 받아들이지 못할 것이다. 이들은 결코 언약적 기대(expectation)의 전형과 무관하게 독립적으로 제시되지 않는다.

### ③ 기본적 조항

기본적 조항은 출애굽과 시내산 조약의 역사에 대한 간략한 언급과 그것을 다시 재확인하는 시점까지를 돌아보는 내용(신 4:44-49)으로 시작한다. 언약 조항의 기본적인 전문 용어는 'ēdôth(증거)와 ḥuqqîm(규례), mišpātîm(심판[법도]) 등이다. 45절에 제시된 이들 용어는 모두 44절의 율법(tôrāh)에 대한 정의를 형성한다.

기본적 조항의 도입부에 언급된 두 번째 요소는 언약적 갱신에 대한 모세의 첫 번째 호소(신 5:1-5)이다. 그의 호렙산에 대한 회상(2절)은 신명기가 원래의 언약을 당시의 변화된 환경과 장차 올 미래를 위해 새롭게 갱신하기 위한 것임을 다시 한번 보여준다. 본문에서 찾아볼 수 있는 또 하나의 함축적 요소는, 서문과 이행 사항 등에 대한 정상적인 구조를 잠시 중단하고 원래의 언약과 관련된 내용을 삽입하고 있다는 것이며, 과거의 전형적인 불순종과 달리 이제부터는 순종하라는 호소가 이어진다. 그 외에도 호렙산에 관한 언급은 5:22-33; 9:8-21; 10:1-5 등에 나타난다. 과거의 불순종에 관한 내용은 6:16; 8:2-5; 9:7, 22-24 등에 나타난다. 호소(주로 "들어라[šᵉma ])에 관한 내용은 6:3-25; 9:1-5; 11:18-21 등에 나타난다. 엄격한 의미에서 삽입구적 호소와 언약적 요구 사이의 차이점은 구분하기 어렵다. 모세의 호소는 이행 사항으로 나타나거나, 반대로 이행 사항이 호소로 나타나기도 하기 때문이다.[95] 여기서 보다 깊은 형식 비평적 연구가 필요한 것이다.

---

94) Thompson, p. 160.

언약적 이행 사항의 기초와 핵심 내용은 십계명(cf. 신 10:4)이다. 이에 대해서는 시내산 언약과 관련하여 자세히 논의한 바 있다. 물론 호렙산에서의 진술에는 다양한 표현이 나타나나, 십계명의 형식은 고정되어 있다. 따라서 본문의 언약 갱신에서도 그대로 진술된 것을 볼 수 있다. 축복과 저주에 관한 내용은 예외적이지만(그러나 바이엘린[Beyerlin][96])이나 다른 사람들은 필연적인 법에 함축되어 있다고 주장한다) 핵심적 언약 조항은 호렙산 언약이나 갱신된 언약에 그대로 포함된다(cf. 출 19:4-6; 20:2-17). 신명기 5:22-11:32는 십계명의 기본적 원리, 즉 여호와에 대한 충성과 인간관계에서의 사랑에 관한 내용으로 구성되어 있다.

십계명에 관한 두 번째 언급에 이어 호렙산 계시와 그에 대한 이스라엘의 반응과 관련된 또 하나의 설명적 삽입구가 제시된다(5:22-33). 본문은 여호와 자신이 순종을 촉구하고 계신다는 점에서 삽입구적 어조를 가진다고 할 수 있다(23-31절).

이어지는 십계명의 원리들은 miṣwāh, ḥuqqîm, mišpāṭîm(명령, 규례, 법도[신 6:1]) 등으로 정의된다. miṣwāh(명령)는 일반적 조항 부분인 신명기 6-11장에서 확대 설명되며, ḥuqqîm(규례)과 miṣwāh(법도)는 12-26장에 제시된다.[97] 십계명이 이행 사항의 핵심이라면, 이 말씀의 원리는 소위 쉐마에 요약된다(6:4-5). 본문은 주권자에 대해 제시하며 그에 대한 의무를 배타적 사랑과 순종으로 요약한다.[98] 예수님(마 22:36-38)이나 랍비들도 이것이 하나님께서 사람에게 요구하시는 가장 핵심적인 내용이라고 가르쳤으며, 다른 모든 성경적 계시도 그것에 대해 주석한다.

---

95) A. D. H. Mayes, *Deuteronomy*, The New Century Bible Commentary (Grand Rapids: Eerdmans, 1981), pp. 48-49.
96) W. Beyerlin, *Origins and History of the Oldest Sinaitic Traditions* (Oxford: Oxford U., 1965), p. 54.
97) Thompson, p. 120.

그러나 언약적 원리에 대한 단순한 지적 이해만으로는 충분치 않다. 이것은 영원히 인격적으로 적용되고, 지속적인 교훈의 주제가 되어야 한다(신 6:6-25). 이것은 다시 "이 말씀"(6:6; cf. 5:22), 즉 십계명에 해당한다. 이것과 이것의 핵심적 요소를 제시하는 쉐마는 봉신의 기본적 의무로 보아야 하며, 이러한 의무는 여호와께 대한 배타적 신앙과 예배(6:10-15) 및 순종(16-19절)으로 표현된다.

신명기 7-11장에는 이 원리의 내용이 계시된다. 본문은 먼저 약속의 땅으로부터 봉신이 아닌 자들을 몰아내어야 함에 대해 언급한다(7장). 그들은 진멸, 즉 헤렘(ḥērem)시켜야 한다. 그렇지 않으면 그들이 이스라엘로 하여금 불순종하게 만들 것이다(7:1-5). 더구나 이스라엘은 여호와의 배타적 봉신이며 그 땅에 들어갈 수 있는 유일한 백성이다(6-11절). 그들에 대한 진멸은 하나님의 풍성한 축복을 가져올 것이며(12-16절), 이것은 여호와께서 그들의 용사가 되심으로 가능하다(17-26절).

두 번째 관심의 초점은 여호와가 이 땅의 축복과 생명의 근원이시라는 사실에 맞추어진다(8장). 그가 광야에서 만나를 공급하신 것은 이것을 역사적으로 증거한다(8:1-5). 본문은 이스라엘의 순종과 이 땅에 대한 여호와의 축복에 지속적인 초점을 맞추도록 촉구한다(6-10절). 이러한 의무에 실패할 경우 주권자의 진노를 사게 될 것이다(11-20절).

세 번째 원리는 여호와의 과거 및 미래적 축복은 모두 그의 은혜의 산물이라는 것이다(9:1-10:11). 이스라엘이 그 땅을 차지하는 것은 그들이 그것을 주장하였기 때문이 아니라 여호와의 옛 언약과 그의 주권적 의지(9:1-5) 때문이다. 이것은 호렙산(6-21절) 및 다른 곳(22-24절)에서 이스라엘이 행한 죄악에도 불구하고 허락되었다. 모세의 독특하고 효과적인 중보 사역은 여

---

98) E. W. Nicholson, *Deuteronomy and Tradition* (Philadelphia: Fortress, 1967), p. 46.

호와의 진노를 멈추게 하였고(25-29절; cf. 출 34:9-10), 따라서 언약은 폐지되지 않았으며, 돌판은 다시 만들어져 보존되었다(신 10:1-11).

이행사항의 네 번째 중요한 강조점은 여호와에 대한 사랑이며, 그것은 사람에 대한 사랑으로 나타나야 한다(10:12-22). 이 요약적 본문(10:12; cf. 4:37; 6:5; 10:15)은 봉신들 가운데 시행해야 할 행위(10:18-19; cf. 5:16-21)와 여호와께 대한 순종의 행위(10:20-22)로 규정된다.

마지막 원리는 축복과 저주에 관한 내용이다(11:26-32). 이것은 (1) 여호와의 과거 행적(1-7절), (2) 축복의 땅에 대한 약속(8-17절), (3) 언약의 요구에 대한 순종과 교훈(18-25절) 등에 대한 이스라엘의 태도에 달려 있다.

그렇다면, 언약의 기본적 조항은 다음과 같이 요약할 수 있다. (1) 구체적 조항에 대한 기초, 즉 여호와께서 자기 백성들을 사랑과 은혜로 택하셨다는 사실을 제시한다. (2) 이러한 언약의 근본적 원리는 십계명과 쉐마에 반영되어 있으며, 후자는 전자를 암시한다. (3) 역사적 개관과 권면적 본문에서 볼 수 있듯이 십계명의 언약적 명령과 이어지는 구체적 조항에 대한 순종을 촉구한다.

④ 구체적 조항

구체적 조항은 신명기의 나머지 대부분(12:1-26:15)을 차지한다. 본문의 목적은 확실히 5-11장에 제시된 언약의 기본적 원리를 구체적으로 설명하고, 언약과 문화적, 도덕적, 사회적, 인간/인종적 관계와의 관련성에 대해 정확히 제시한다. 본문에 대한 현재의 정경적 배열의 근본 이유는 정확히 알 수 없으나,[99] 다음 몇 가지 요소들은 문학적, 신학적 필요성에 대해 합리적으로 제시한다.

---

99) Stephen A. Kaufman, "The Structure of the Deuteronomic Law," *MAARAV* 1/2 (1978-79): 105-58.

[1] 여호와와 그에 대한 경배의 배타성(12:1-16:17).

본문에 포함된 규례들은 다른 신당과 구별되는 중앙 성소로부터 시작된다(12:1-14). 주권자를 대적하고 그 땅의 소유권을 주장하는 신당은 멀리할 뿐만 아니라 파괴해야 한다(4-5, 13-14절).

성소와 관련하여 제사와 제물에 관한 내용이 언급된다. 특별히 중요하게 다루어지는 것은 피에 관한 내용이다(15-28절). 이 피는 생명과 그것의 원천 및 유지와 관련된 이교적 개념과 달리 신성케 하는 것과 연결된다. 생명은 사람이나 동물에게 일반적이다. 따라서 그것의 피는 모두에게 공통적이다. 모든 생명은 각자에게 주신 하나님의 선물이다(cf. 창 9:4-7; 레 17:10-14).

이방신들은(실제로 존재하든, 상상적이든) 가증스러운 것이다(신 12:29-31). 그들은 여호와의 주권에 대적하기 때문이다. 그들의 선지자 역시 악하다(13:1-18). 그들은 다른 신들의 말을 듣고 전하며, 따라서 백성들을 유혹하고 배교하게 한 죄로 멸해야 한다.

군주이신 여호와는 자기 백성들에게 경외함과 공물을 요구하신다. 그러나 이것은 규모 없이 해도 되는 것이 아니며 일정한 원리에 따라 섬겨야 한다. 먼저 제물로 드리는 짐승은 깨끗해야 한다(14:1-21). 이것은 위생상의 이유에서라기보다 "너희는 너희 하나님 여호와의 자녀"(1절)이며 성민, 즉 택한 백성(2절; cf. 출 19:5-6)이라는 사실에 근거한다. 즉, 짐승에 대한 임의적 구별은 지상 백성들 가운데 이스라엘을 하나님께서 임의로 선택하셨음을 보여준다.[100]

공물과 관련된 또 하나의 중요한 요소는 십일조이다(신 14:22-29). 이것의 목적은 여호와께서 이 땅의 주인이심을 나타내며 그의 나라를 섬기는 자들, 특히 레위인들의 생계를 위해 사용된다. 다른 지파의 백성들도 보호와

---

100) Thompson, p. 177.

부양을 받는다. 한 예로 매 안식년에는 종을 놓아주어야 한다(15:1-18). 이 규례는 여러 가지 형태로 나타난다. 즉, 형제의 빚을 면제해 주고(1-6절), 여호와 자신의 용서하시는 은혜를 반영하여 가난한 자를 긍휼히 여기며(2절), 또한 면제년이 아니더라도 가난한 자에 대한 지속적인 관심을 보여야 한다(7-11절). 여호와의 봉신 가운데 가난한 자가 있다는 것은 덕이 되지 않기 때문이다. 계약이 끝난 종은 원하면 자유를 주어야 한다(12-18절). 이러한 자유는 여호와의 자비로운 출애굽 사건을 상기시킨다(15절).

처음 난 짐승의 수컷을 바치는 것 역시 여호와께 바치는 공물에 관한 또 하나의 예이다(15:19-23). 제물이 합당하면 화목제물로 드려서 여호와 앞에서 먹게 된다(cf. 레 7:15-18). 그렇지 않고 흠이 있으면 그것을 잡아 집에서 먹는다. 처음 난 것을 구별하는 것은 여호와께서 애굽에 열 번째 재앙을 내리실 때 이스라엘의 장자를 구원하신 표이다(출 13:2, 11-16).

공물을 드리는 가장 중요한 시간은 매년 세 차례 여호와의 뜰에 있는 중앙 성소를 순례하여 드리는 절기이다(신 16:1-17). 첫 번째 절기인 유월절/무교절(1-8절)은 자기 백성들을 속박에서 벗어나게 하신 하나님의 구원의 은혜를 기념한다. 칠칠절(9-12절)은 이스라엘 백성들에게 애굽에서의 노역을 상기시킨다(12절). 초막절(13-17절)은 이스라엘이 차지할 땅에 대한 하나님의 축복을 기념한다. 이스라엘이 광야에 거할 당시 하나님께서 베푸신 은혜와 관련된 원래적 의미는 가나안의 정착된 삶에서 주어질 풍성함에 대한 추수 절기로 대치되어야 한다.[101]

[2] 나라의 지도자들과 역할(16:18-18:22)
여호와의 나라 및 그가 세우신 조약에 관한 내용과 함께 언약에 관한 본문은 그를 섬기며 백성들을 권위로 다스릴 인간 지도자들에 대해 언급한다.[102]

---

101) 물론 이것은 원래의 추수 절기를 초막절의 기원으로 보는 후기 신명기적 사관을 가진 비평학자들의 견해와는 반대되는 내용이다. de Vaux, *Ancient Israel*, 2:501을 참조하라.

첫째는 재판장과 유사(*šōṭᵉrîm*)다. 이들은 하나님 자신의 성품을 좇아 누구보다 공정하고 공평해야 한다(신 16:18-20). 그들의 판결의 근거와 권위는 언약의 내용이며, 옳고 그름은 언약의 원리에 대한 신실성의 정도에 따라 결정된다(16:21-17:1). 간단한 판결에 대해서는 재판장이 관여하지 않아도 된다. 이런 일들은 백성들 스스로 각 지역에서 처리할 수 있다(17:2-7). 지역 재판정에서 처리하기 어려운 복잡한 사건에 관해서는 제사장(하나님편의 검사?)과 재판장(사람편의 검사?)이 있는 상급 재판정으로 나와 호소할 수 있다. 이들은 율법과 법도를 따라 결정한다(11절; cf. 대하 19:5-11).

왕에 대해서는(신 17:14-20), 여호와의 선택이 있어야 한다. 왕은 인간적 조건을 의지해서는 안 되며 언제나 율법을 준수해야 한다(18-20절). 그는 만왕의 왕의 대리자일 뿐이며, 따라서 주권자의 통치 정책을 시행할 뿐이다 (cf. 왕하 11:12).

종교 지도자는 모두 레위인 제사장들이었다(신 18:1-8). 레위 지파 전체는 지역의 성읍과 중앙 성소에서 받는 응식(應食)으로 생계를 유지하였으며, 왕의 신하로 선택된 이들은 백성들의 지원을 받아 살았다.

마지막으로, 선지자는 장차 나타나겠지만 그 본질과 기능은 곧 조우할 가나안의 거짓 선지자들과의 비교를 통해 제시된다(18:9-22). 이교도들은 가증한 방식으로 신의 뜻을 전하지만 이스라엘에게는 금지된다. 참 선지자는 신적 권위를 가지며("내 이름으로"), 그들의 메시지는 모세와 비견되며, 예언적 메시지의 성취에 의해 입증된다.

### [3] 민법(19:1-22:4)

신정국이든 아니든, 어떤 사회를 막론하고 가장 기본이 되는 것은 구성원들 스스로를 보호할 수 있는 법체계이다. 이것은 수직적 관계(하나님과 사람 사이)를 규정하는 제의적 법과 대조되는 수평적 영역의 법에 해당한다.

---

102) 본문의 배경 및 문학적 연결에 관해서는 Mayes, p. 262를 참조하라.

신명기 법전의 민법 가운데 첫 번째 범주는 인간의 범죄 가운데 가장 흉악한 살인에 관한 내용이다(19:1-13). 어떤 종류의 살인도 다른 봉신의 죽음을 야기하게 되므로(특히 이스라엘 사람인 경우), 응분의 처벌과 함께 피고인에 대한 적절한 보호 장치도 마련된다. 사전에 계획되지 않은 살인의 경우 복수로부터의 보호가 허락되며, 결국 살인의 책임을 면할 수 있다(cf. 민 35:9-34). 고의적 살인의 경우 지역 장로들의 허락 하에 보수자가 처형한다(신 19:12-13).

땅의 경계표를 이동하는 것과 관련된 법(19:14)은 의외로 중요한 의미를 담겨 있다. 이것은 군주가 직접 분할하여 배분한 영토를 침범해서는 안 된다는 의미를 담고 있다.103) 가나안 땅을 이스라엘 각 족장과 가족들에게 나누어 주신 하나님은 그의 이름으로 영원히 그 땅을 점령하실 것을 요구하신다.

경우에 따라 피고인이 거짓 증거의 연고로 희생이 되지 않도록 피고인을 보호해야 할 때가 있다(신 19:15-21). 피고인에 대해서는 적어도 두 명의 증인이 그의 행위에 대해 증거해야 한다. 그는 적절한 법적 절차 없이 처벌을 받아서는 안 되며, 유죄가 드러날 경우 공정하게 재판을 받아야 한다.

전쟁은 주권자의 뜻을 성취하기 위한 필요악으로, 여기에는 지켜야 할 법도가 있다(20:1-20).104) 여호와는 이스라엘의 하나님일 뿐 아니라 모든 민족의 하나님이시다. 이러한 이해관계는 이스라엘의 좁은 관심사를 초월한다. 그러나 그는 독특한 방식으로 이스라엘의 하나님이 되시며, 신적 용사로서 자기 백성들을 인도하실 것이다(20:4). 소유권이나 가정에 대한 책임 및 두려움 등과 같은 문제들은 전쟁을 위한 소집이 있을 때 감안되어야 한다. "일반적인" 대적들은 인도적인 이유로 항복하면 조공을 바칠 수 있도

---

103) Kaufman은 "신명기 19:14은, 말하자면 나머지 신명기 법의 핵심 축이다"라고까지 말한다(p. 137). 이 주장은 다소 과장되었다고 할 수 있으나 다른 사람을 무시하는 것은 살인을 포함하여 훨씬 심각한 언약적 위반이라는 사실에 초점을 맞춘다.
104) 윤리적, 신학적 문제에 관해서는 Kaiser, pp. 172-80을 참조하라.

록 허락되어야 한다. 그러나 이러한 제의를 거절할 경우 그들을 멸해야 한다. 그러나 기업의 땅, 즉 가나안을 소유한 백성들은 모두 진멸(ḥērem)되어야 한다. 그들은 회개치 않는 백성들이기 때문에 멸망할 자들이다.

살인이나 전쟁의 가능성은 언제나 있다. 때로는 범인을 알 수 없는 죽음도 있다(신 21:1-9). 이 경우 현장에서 가장 가까운 성읍의 사람들이 암송아지로 대속해야 한다. 이와 같이 함으로 공동체가 책임을 면할 수 있다.

끝으로 민법은 다양한 인간관계에 관해 다룬다. 즉, 전쟁 포로들 가운데 아내를 취하는 일(21:10-14), 두 아내 가운데 "미움을 받는" 아내에 대한 차별, 특히 그들의 자식에 대한 유산 상속에 관한 보호(15-17절), 완악하고 패역한 자식에 관한 내용(18-21절), 처형당해 공개적으로 방치된 사체의 처리에 관한 내용(22-23절; cf. 수 8:29; 10:26-27; 요 19:31) 및 형제가 잃어버린 소유물에 대한 보호(신 22:1-4) 등이 언급된다.

[4] 제의에 관한 법(22:5-23:18)[105]

앞에서 언급한 대로 여호와와 이스라엘 사이의 언약적 관계는 수직적 단계에 관한 법을 전제한다. 이것은 인간이 거룩하신 하나님께 나아가는 형식과 방식을 정확히 규제하는 지침이 된다. 이것이 공식적으로 일어나는 영역은 예배이다. 그러나 이스라엘에는 거룩한 것과 세속적인 것 사이에 궁극적인 구별이 없기 때문에 공동체와 구성원들의 모든 행동은 정결과 의로 인도함을 받아야 한다. 본문에 언급된 내용들은 하나님과 이스라엘의 관계에서 율법이 담고 있는 내용의 예를 보여준다.

정결에 관한 법(22:5-23:18)은 성별에 관한 내용과 안전 및 약자에 대한 관심에 대해 직접 및 간접적으로 다룬다(일부는 함께 묶기 어렵지만). 이것은 이스라엘이 언약적 정결과 성별을 유지해야 할 필요성을 말해준다. 즉,

---

105) Kaufman은 신명기 22:5-8을 살인 금지에 관한 내용에 포함하고, 22:9-23:19를 간음을 금지한 내용과 연계한다(pp. 135-39).

남녀가 옷을 바꾸어 입어서는 안 되며(22:5), 어미 새를 보호하고(6-7절), 지붕의 안전을 위해 난간을 만들고(8절), 씨나 짐승 및 의복을 섞지 말며(9-11절), 토라를 기억하기 위해 의복 네 귀에 술을 만들어야 한다(12절; cf. 민 15:37-41). 또한 신부의 처녀성(13-21절), 간음(22절), 약혼자에 대한 배반(23-24절), 강간(25-29절), 근친상간(30절), 성적 결함(23:1), 사생자는 공동체의 일원이 되지 못함(2절), 암몬과 모압 족속의 총회 참석 금지(3절), 신체적 몽설이나 배설(9-14절), 도망친 종에 대한 보호(15-16절) 및 창기나 미동에 대한 금지(17-18절) 등이 언급된다.

[5] 인간관계에 관한 법(23:19-25:19)

이 범주의 조항은 민법과 유사하며 일부 중복되는 부분도 있다(cf. 21:10-22:4). 그러나 본문의 주요 관심은 봉신간의 일대일 관계에서 적절한 행동을 규제하기 위한 것으로 이스라엘 백성과 타국인의 관계와는 구별된다. 타국인에게 돈을 꾸일 경우 이식을 취할 수 있으나 동족에게는 이식을 취할 수 없다(23:19-20). 여호와께 서원한 것은 반드시 시행하여야 한다(21-23절). 이웃의 작물에 대해서는 손으로 따서 먹을 수 있다(24-25절). 이혼은 신중히 해야 하며(24:1-4), 새로 아내를 취한 자에게는 각종 의무를 면제해 주어야 한다(24:5).

그 외에도 맷돌에 대한 저당(6절), 유괴(7절), 문둥병(8-9절), 가난한 자에 대한 저당(10-13절), 약자에 대한 공정한 대우(17-18절), 밭이나 과수원에서 이삭을 줍는 행위(19-22절), 범죄에 대한 공정한 재판(25:1-3), 일하는 소의 입에 망 씌우기(4절), 수혼법(5-10절), 부당한 방식의 싸움(11-12절), 공평한 저울과 추(13-16절), 아말렉에 대한 진멸(17-19절) 등이 포함된다. 마지막 항목은 적대적 요소와 관련된 지금까지의 규례에 대한 요약이자 약속의 땅에 대한 정복 및 절기 시행과 관련된 다음 단락을 준비하는 내용으로 보인다.[106]

---

106) Craigie, pp. 317-18.

[6] 언약에 대한 기념과 확인에 관한 법(26:1-15)

언약 갱신 문서인 신명기는 가나안 정복 이전 세대만을 위한 내용이 아니다. 신명기는 그 후 구약시대가 끝날 때까지 약속의 땅에서의 언약적 사고와 삶의 기초에 관한 내용을 제시한다. 언약 공동체는 정기적으로 모여 여호와의 특별한 백성으로서 자신들의 사명에 대해 음미하고 기념해야 했다.

본문은 이와 같은 년중(매년) 집회에 대한 내용을 포함하며, 신학적으로는 초실절의 절기와도 밀접한 연관을 가진다(신 26:1-4). 이 모임의 초점은 여호와와 이스라엘의 역사적인 언약 관계에 대한 고백에 맞추어졌으며, 이러한 관계는 아브라함으로부터 시작하여 애굽에서의 생활과 출애굽을 거쳐 당시까지를 회고한다(5-9절).[107] 추수의 첫 열매는 하나님의 변함없는 약속에 대해 증거하며, 자기 백성들로 하여금 새로운 헌신을 다짐하게 하였다(10-11절).

이러한 헌신(10-11절)에 대한 또 하나의 증거는 제 삼년에 레위인을 위해 십일조를 드리는 장면에서 찾아볼 수 있다(12-15절). 이일을 행할 때, 그것을 바치는 자는 여호와 앞에서 자신이 언약적 요구에 충실하였음을 확인하고, 여호와께서 그의 땅과 백성들에게 계속적으로 복을 내려주실 것을 기원하였다.

⑤ 호소와 설명적 삽입구(26:16-27:10)

모든 이행사항을 제시한 후 모세는 백성들로 하여금 마음과 성품을 다하여 그것을 지키라고 촉구하였다. 이것은 언약을 받아들이고 확인하는 실제적인 기념식에 해당하며, 언약을 제정함에 있어서 그 언약이 효력을 발휘하기 위해 반드시 필요한 요소였다(출 24장).

---

107) 초실절과 이 "옛 신조"의 관계에 대해서는 Gerhard von Rad, *Old Testament Theology* (New York: Harper & Row, 1962), 1:297을 참조하라.

이러한 기념식은 모압에서도 있었던 것이 틀림없으나 그것에 대한 기록은 없다. 오히려 모세는 모인 회중에게 그 땅에 들어가면 이 돌들을 세겜으로 가지고 가서 석회를 바르고 그 위에 언약의 내용을 기록하라고 명하였다(신 27:4). 그들은 그곳에서 아브라함이 옛적에 단을 쌓았던 바로 그곳에 단을 쌓고 화목제(šᵉlāmîm)를 드려야 한다. 이것은 바로 언약의 제정과 관련된다(7절; cf. 출 24:5).

이어서 모세와 레위 제사장들은 백성들에게 "오늘날 네가 네 하나님 여호와의 백성이 되었으니"(신 27:9)라고 소리쳤다. 그들은 스스로 이 (갱신)언약의 조건과 요구 사항에 대한 헌신을 다짐하였기 때문에 조상들이 시내산에서 처음 언약을 받았을 때 그랬던 것처럼 여호와의 백성이 되었다. 이것은 물론 언약 갱신에 관한 내용이다.

⑥ 저주와 복(27:11-28:68)
세겜에서의 언약적 갱신을 위한 기념식을 대망하며, 모세는 언약의 내용에 있어서 다음으로 중요한 요소인 저주와 복에 대해 언급한다. 그들은 에발산에 여섯 지파, 그리심산에 여섯 지파를 세우고 중간 계곡에 레위지파를 세운 후, 온 나라가 언약을 범한 경우의 저주와 그것을 순종한 때의 축복을 외치고 확인하여야 했다.

먼저 언약의 구체적 조항들에 대한 불순종시에 임할 저주가 제시된다(신 27:15-26). 아마도 기록되지 않은 복은 여기에 준해 이해하면 될 것이다. 이어서 기본적 언약 조항에 대해 순종할 경우에 임할 복이 제시된다(28:1-14). 다음은 소위 일반적 조항을 위반할 시의 저주에 대해 언급한다(15-68절). 조건 및 모티브가 되는 구절, 특히 15, 20, 45, 47, 58절에 유의하는 것은 매우 중요하다. 이들은 여호와의 언약적 축복의 근거가 되는 위대한 근본적 진리를 무시하였기 때문에 심판이 임한다는 사실을 보여준다. 실제로 복에 대한 내용은 비교적 짧게 언급되었는데 이것은 하나님께서 백성들을 부르신 목적이 순종이라는 사실을 암시한다.

⑦ 결론적 호소(29-30장)[108]

신명기 언약이 시내산 언약을 계승한 것임을 간략히 언급한 후(29:1), 모세는 다시 한번 이스라엘의 거룩한 역사에 대해 들려주고(2-9절), 그들이 하나님 앞에 선 것은 하나님께 충성을 맹세하기 위함임을 강조한다(10-13절). 모세는 그들이 장차 여호와를 섬길 것이라고 말한다. 그러나 만일 백성들이 실패하면 하나님께서는 끝까지 그들을 추적하여 약속의 땅에서 그들을 뽑아버리기까지 하실 것이다(14-29절). 그러나 이것이 언약의 약속과 소망을 무산시키지는 못할 것이다. 그들은 회개할 것이며 그 땅으로 돌아와 다시 한번 언약적 특권을 누릴 것이다(30:1-10).

이어서 증인(하늘과 땅[신 30:19]들에 대한 호소를 통해 여호와께서는 백성들에게 헌신을 다짐하게 하고, 사망과 화보다 생명과 선[복]을 택할 것을 요구하신다(15절). 이것을 행할 경우 여호와의 복을 받을 것이며, 이 복은 "여호와께서 네 열조 아브라함과 이삭과 야곱에게 주리라고 맹세하신 땅에 네가 거하리라"(20절)는 약속의 성취로 나타날 것이다.

⑧ 언약서의 보관과 보존(31장)

확실히 언약 문서는 정기적으로 또는 필요할 때마다 사용하기 위해 보존되지 않는다면 영구적 가치를 갖지 못할 것이다. 따라서 안전한 보존을 위해 왕궁 보관소나 공개적 장소에 보관하였다.

시내산 언약의 출애굽에 관한 기사는 적어도 십계명이 언약궤에 보관되어 있었음을 보여준다(출 25:16). 요시야의 개혁에서 보여주듯이(왕하 22:8) 신명기(그리고 아마도 율법서 전체)는 나중에 성전의 특별한 장소에 보존되었을 것이다. 신명기 언약 본문의 보관에 관한 열쇠는 신명기 자체에 약간 언급되어 있다. "모세가 이 율법을 써서 여호와의 언약궤를 메는 레위 자손

---

108) Thompson은 이 부분을 "일종의 전체 언약적 요구에 대한 반복"으로 본다 (p. 278).

제사장들과 이스라엘 모든 장로에게 주고"(신 31:9, 26)라는 언급은 문서의 보관에 관한 언급으로, 구체적으로는 성전에 보관되었을 것이다.

언약 문서의 보존과 관련된 하나의 변수는 이어지는 세대에 의한 계속적인 이행의 필요성이다. 따라서 언약의 중보자인 모세는 후계자를 택하여 그들이 약속의 땅에 안착하여 새로운 왕조질서가 세워지기까지 여호와와 백성들 사이에 서게 하였다. 여호수아는 이 역할을 잘 감당하였다(신 31:1-8). 이 사역은 그만큼 두렵고 중요한 것이기 때문에 그는 모세처럼 여호와를 영광 가운데 만났으며, 그가 섬길 하나님이 하늘과 땅의 주권자임을 깨닫게 되었다(31:14-15).

⑨ 모세의 노래(32장)

문서의 보존은 계약 쌍방의 맹세에 의해 수반되었다. 여호와의 맹세는 저주와 복에 대한 약속이다. 이스라엘은 "모세의 노래"(신 32장)와 관련하여 이 약속을 기억하여야 했다. 그들은 이 노래를 매년 부름으로 당시 하늘과 땅이 회중에 대해 증인이 되었듯이(28절) 여호와를 위하여 그들에게 증거가 되었다(31:19, 21).[109]

주권자의 영광을 찬양하고 있는 "모세의 노래"는 백성들로 하여금 부르도록 강요되었으며, 언약 메시지의 모든 내용은 죽은 것이 아니라 모세가 강조하였듯이 생명 자체임을 상기시켰다(32:47). 그러나 아이러니한 것은 정작 모세 자신은 더 살지 못하였다는 것이다. 그는 므리바에서 여호와에 대한 신앙을 저버리고 이스라엘 백성들 가운데 여호와의 거룩함을 세우지 못하였다(51절). 따라서 이러한 모세 자신의 경험은 이 땅에서 하나님을 대표하는 특권을 가진 신하로서 하나님의 뜻을 알고 행하는 것이 얼마나 중요한 것인지를 보여준다. 모세가 그 땅에 들어가지 못한 것은 무엇보다도 이스라엘이 하나님의 완전한 축복을 누리기 위해서는 언약을 충실히 지켜야 한다는 사실을 강조한다.

---

109) Craigie, p. 372.

#### ⑩ 모세의 축복(33장)

죽음을 앞에 둔 모세는 언약의 중보자로서 열두 지파에게 축복하였다. 이 축복은 각 지파가 여호와의 은혜를 받아들임으로 성취될 예언적 선언의 형태를 취하고 있다. 이 선언의 의도는 분명하다. 그것은 선민으로 하여금 모세가 죽은 후에도 계속해서 여호와의 구원을 모든 민족에게 전하는 통로가 되어야 한다는 것이었다.

#### ⑪ 서술적 에필로그(34장)

전문적 의미에서 언약서의 한 요소에 해당하지는 않으나 모세의 죽음에 관한 서술은 신학적으로 중요한 의미를 가진다. 본문은 조상들에게 하신 약속에 대한 하나님의 신실하심에 관해 언급하고(34:1-4), 모세의 죽음과 장사를 원래 제정된 언약 영역의 마침으로 제시하며(4-8절), 여호수아가 모세의 후계자가 되었다는 사실을 다시 한번 확인한다(9-12절). 모세는 여호와께서 "대면하여"(face to face) 아시던 유례없는 선지자였으나, 다음 세대의 선지자이자 언약적 대변자였던 여호수아 역시, 모세로 하여금 하늘의 위대한 군주와 땅의 봉신들 사이의 중보자로서의 사역을 감당하게 하신 하나님의 신으로 충만하였다.

# Ⅶ. 결론

창세기 1:26-28에 기초하여 그것을 중심으로 세워진 오경 신학은 보편적이고 족장적인 모세의 계시에 관한 다양한 자료들을 통일성을 갖춘 내용으로 집약하여 제시한다. 사람에 대해 "생육하고 번성하여 땅에 충만하라, 땅을 정복하라"(창 1:28)는 명령은 인간 창조의 근본적 목적이지만 사람의 반역과 타락으로 좌절되고 말았다. 따라서 이러한 타락의 상태를 벗어나 원래의 조건을 회복하고 다시 한번 이 목적을 성취할 수 있는 방법이 필요했다.

이 방법은 언약이라는 형식을 통해 제시되었다. (1) 여자의 후손이 원수의 머리를 상하게 할 것이다(창 3:15). (2) 인간의 타락에도 불구하고 홍수 이후 노아의 후손은 원래 부여받은 명령을 수행할 것이다(9:1-7). (3) 아브라함과 그의 후손들은 택한 백성으로서 모든 나라에 하나님의 백성이 된다는 것의 의미를 세상에 전하고 세상으로 하여금 이러한 화해의 메시지를 듣고 하나님과의 언약적 교제에 동참할 수 있는 은혜의 통로를 제공하는 자들이 될 것이다(12:1-3; 15:1-19; 17:1-14; 22:15-18).

다시 말하면 족장들에 대한 구두 약속과 언약적 사명은 그들이 주권자 하나님을 섬기는 나라를 이루게 되리라는 것이었다. 그들은 절대적 초월자이신 창조주 하나님과 그의 형상을 가진 피조물 사이의 간격을 메우는 특권과 책임을 가진 종이었다. 하나님은 그들을 통해 인간을 창조하신 목적을 다시 회복하실 것이다. 이 약속은 결국 이스라엘과 그들의 땅 및 그들이 수행할 사역을 통해 드러난다.

시내산에서 계시된 모세 언약은 그의 종 된 백성들이 이 약속을 성취하기 위한 수단이며 구원 메시지의 도구이다. 이 언약은 비록 봉신조약의 형태를 취함으로 이론적으로는 조건적 언약에 해당하지만, 변함없으신 하나님이 주도하시므로 이스라엘에 대한 그의 약속은 영원하며, 앞으로 이스라엘이 어떻게 행하든 변치 않을 것이라는 사실은 분명하다. 이스라엘을 선택하여 그들의 대적 애굽으로부터 구원하신 것은 그들의 조건이나 가능성 때문이 아니라 오직 하나님의 은혜로 말미암았다(출 2:24-25; 3:15-17; 4:21-23; 6:2-8). 그들에게 주어진 조건은 모든 축복과 함께 종 의식을 가지는 것이다(19:4-6). 자기를 섬기는 종 된 백성으로 이스라엘을 정하신 것은 주권적 하나님의 영원하신 계획에 따라 이미 결정된 일이다. 이러한 구조 속에서 이스라엘의 역할 여부는 시내산 언약이 제시하는 종 의식에 관한 조건에 관한 순종에 달려 있다.

출애굽기-신명기의 대부분은 이 조건에 대한 설명이다. 위대한 언약 본문인 출애굽기 20-23장과 신명기 전체는 봉신조약의 형태로 구성되어 있기 때문에 고대근동에 잘 알려져 있었다. 따라서 이러한 형태에 의해서만이 언약의 내용을 잘 계시할 수 있었던 것이다. 본문은 이스라엘이 하나님께로부터 받은 책임을 적절히 수행하기 위해 반드시 행해야 할 지침을 제공한다. 이들에 대한 순종은 축복이 될 것이며 불순종이나 언약의 위반은 심판을 초래할 것이다.

그러나 이스라엘의 실패에도 불구하고 하나님의 목적은 손상되지 않을 것이다. 신약성경이 분명히 제시하는 대로, 이사야서에서 고난 받는 종으로 제시된 주 예수 그리스도는 "새 이스라엘"이시며 그의 몸은 교회이다. 그의 시대가 임하면 교회는 구원의 메시지를 전해야 한다. 이스라엘은 이 사명에 실패하였던 것이다. 그러나 감사한 것은 이스라엘에 대한 하나님의 약속은 구약시대에 그들이 보여주었던 불순종이나 이어지는 교회의 역할에 의해 결코 무효화되지 않는다는 것이다. 그는 옛 백성들을 새롭게 하시고 자격을 부여하심으로, 오는 세대에는 그들을 부르시고 택하신 위대하신 목적의 결실을 맺게 하실 것이다(레 26:40-45; 신 30:1-10; 렘 31:27-34; 33:19-26; 겔 36:22-38; 롬 11:25-32). 이것이 오경의 신학이다.